MARIANA PINEDA

TEATRO

FEDERICO GARCÍA LORCA

MARIANA PINEDA

Introducción
Andrés Soria Olmedo

COLECCIÓN AUSTRAL

Primera edición: 21-V-1971
Decimoquinta edición: 5-X-1998

© *Herederos de García Lorca*

© *De esta edición: Espasa Calpe, S. A.*

Diseño de cubierta: Tasmanias

Depósito legal: M. 35.152—1998

ISBN 84—239—1945—5

Impreso en España/Printed in Spain
Impresión: UNIGRAF, S. L.

ESPASA

Editorial Espasa Calpe, S. A.
Carretera de Irún, km 12,200. 28049 Madrid

ÍNDICE

INTRODUCCIÓN

Para Andrés Soria

I

La carrera artística de García Lorca puede definirse por la experimentación incesante y múltiple, facilitada por un proverbial «sexto sentido» para «asimilar y aprovechar cualquier corriente literaria o artística» coetánea al momento de la invención (A. del Río). Por eso, un corte sincrónico en su obra revela la coexistencia de varios frentes estéticos, cada uno con su tiempo específico.

En 1927, cuando estrena MARIANA PINEDA (el 24 de junio en el teatro Goya de Barcelona y el 12 de octubre en el teatro Fontalba de Madrid), aparece, tras un largo silencio editorial, un libro de versos, *Canciones,* escrito por la misma época que la pieza de teatro; expone en la Sala Dalmáu de Barcelona del 25 de junio al 2 de julio sus dibujos, algunos de los cuales son «metáforas lineales» ya influidas por el cubismo y en debate con el surrealismo; publica en la *Revista de Occidente* (diciembre) el poema en prosa «Santa Lucía y San Lázaro», que obedece a su «nueva manera espiritualista», y, al mismo tiempo, se va difundiendo el tópico de su «gitanismo», tan molesto para él, aun antes de que se imprima el *Romancero gitano* (1928).

No es de extrañar, pues, que se sienta algo incómodo con el estreno. A mediados de febrero de 1927 le escribe a Jorge Guillén: «Ahora estoy aterrado y bajo el peso de una cosa superior a mis fuerzas. Parece ser que la Xirgu va a estrenar *Mariana Pineda* (drama romántico). El hacer un drama romántico me gustó extraordinariamente hace tres años. Ahora lo veo como al *margen* de mi obra. No sé.» Además, recuerda Francisco García Lorca, el momento no era muy favorable para el teatro en el ambiente de «la joven poesía», todavía dominado por el «purismo» de Juan Ramón Jiménez, quien consideraba el hecho de que un poeta hiciese teatro como una defección. Así lo confirma el testimonio de Pedro Salinas, que recoge con ironía la opinión de Juan Ramón Jiménez a raíz del estreno (carta a J. Guillén, 21 de octubre de 1927): «... Federico definitivamente arrojado del parnaso: no hay piedad para él.»

UN DIFÍCIL CAMINO HACIA LAS TABLAS

Sin embargo, el camino de MARIANA PINEDA hasta las tablas da fe de una extraordinaria tenacidad y autoconciencia por parte de Lorca. Como escribió su hermano Francisco: «Federico no es un poeta que *va* al teatro..., sino un artista con una visión dramática del mundo, y que intentó expresarla mediante el teatro desde los primeros balbuceos de su pluma.»

Esta «necesidad de la expresión dramática» (M. Laffranque) se traduce en una labor que modifica los paradigmas habituales del teatro de su tiempo. Según ha estudiado L. Fernández Cifuentes desde la estética de la recepción, Lorca va produciendo sucesivas «alteraciones y desvíos» de un «horizonte de expectativa» dominado a comienzos de los años veinte por unos códigos donde los «signos familiares» confluyen con los «signos de lo familiar» en todos los campos de significación que integran el signo teatral, desde el salón burgués que muestra el escenario a la italiana hasta los diálogos —charla y confesión— sostenidos por «caracteres», personajes de clase media o alta, cuyo asunto suele ser la restauración del orden familiar y de los códigos de lo masculino y lo femenino tras su eventual transgresión, efectuada a menudo por una mujer, personaje esencial en una escena donde prevalecen los valores de lo privado. El artífice más brillante de este modelo era el Benavente criticado por Pérez de Ayala en *Las máscaras* (1917).

En medio de este contexto normativo, Lorca indaga en las fórmulas menos usuales —el teatro poético, las marionetas, la farsa—, hasta llegar a las tragedias y las piezas «irrepresentables» en un proceso sostenido de combinación y autocorrección.

La modalidad genérica en que se inscribe MARIANA PINEDA, para variarla sutilmente, es la del llamado «teatro poético» modernista, dominado entonces por Eduardo Marquina.

MARIANA PINEDA es la segunda salida de Lorca al teatro público. Tras el fracaso de *El maleficio de la mariposa* (1920), implica un primer estudio de madurez, con dominio ya de un lenguaje dramático propio. *El maleficio* había sido dirigida por Gregorio Martínez Sierra, impulsor de revistas y editoriales (Renacimiento), libretista de *El amor brujo* de Falla y responsable de una lograda experiencia de «teatro de arte», junto a la actriz Catalina Bárcena. El propio Martínez Sierra, personaje notable en el modernismo español, iba a encargarse, en principio, de poner en escena MARIANA PINEDA, «un drama modernista por muchos títulos» (F. Lázaro Carreter).

No fue así, y los avatares hasta el estreno pueden seguirse hoy con mucho detalle, gracias a la sistemática exhumación de documentos y el trabajo de los biógrafos. Un repaso en orden cronológico muestra la voluntad de Lorca por insertarse en el aparato comercial del teatro español y, al mismo tiempo, la concepción y poética de la obra, con sus sucesivos retoques y adaptaciones, a tenor de cada circunstancia estética.

El manuscrito está fechado a 8 de enero de 1925, pero la obra fue escrita antes. Aunque Lorca remonta a 1922 la composición del romance de los toros en Ronda (carta a José María de Cossío, enero 1927), ya hay un proyecto maduro en una carta a Melchor Fernández Almagro de septiembre de 1923, maravillosa de evocación y cuidada de estilo. En ella encontramos el punto de partida, en el «romance trágico y lleno de color» que transmite la leyenda de Mariana («¡Si vieras qué emoción tan honda me tiembla en los ojos ante la *Marianita de la leyenda!...*»), conservando las calidades intactas del recuerdo infantil (Mariana es una mujer «que ha paseado por el caminillo secreto de mi niñez»). También tiene ideas definidas sobre la factura dramática, basada en la estilización de ese recuerdo («Yo quiero hacer un drama *procesional...*, una narración *simple* e *hierática*»... ...Una especie de cartelón de ciego *estilizado...*), sobre el rasgo distintivo de Mariana («según el romance y según la poquísima historia que la rodea, es una mujer pasional hasta sus propios polos, una *posesa,* un caso de amor magnífico de andaluza en un ambiente extremadamente *político...*»), sobre su acción («Ella se entrega al amor por el amor, mientras los demás están obsesionados por la libertad. Ella resulta mártir de la Libertad, siendo en realidad... *víctima* de su propio corazón enamorado y enloquecido. Es una Julieta sin Romeo y está más cerca del madrigal que de la oda»), sobre el desenlace («Cuando ella decide morir, está ya muerta, y la muerte no la asusta lo más mínimo») e incluso sobre el tono retórico que va a adoptar para la heroína («con un gesto melodramático hasta lo sublime»).

En la primavera de 1924, desde la Residencia de Estudiantes le cuenta a Antonio Gallego Burín que tiene «el proyecto de hacer un gran romance teatral sobre

Marianita Pineda y ya lo tengo resuelto con gran alegría de Gregorio [Martínez Sierra] y Catalina [Bárcena] que ven las posibilidades de una cosa *fuerte*». Le pide asesoramiento (Gallego tiene por entonces el proyecto de escribir un ensayo histórico sobre Mariana Pineda) «para no tirarme planchas», aunque deja claro que «el interés de mi drama está en el carácter que yo quiero construir y en la anécdota, que no tiene nada que ver con lo histórico porque me lo he inventado yo».

En septiembre de 1924, A. Gallego Burín escribe a M. Fernández Almagro: «¿Has leído su *Mariana Pineda?* ¿Qué te parece?» A fines de ese año empieza el largo camino de gestiones para que la obra sea puesta en escena. En noviembre de 1924 escribe a su familia, desde Madrid, con gran optimismo: «¡esto marcha!... *Mariana Pineda,* le estoy dando los últimos toques». Los grandes nombres del teatro modernista le dan esperanzas: «Martínez Sierra está entusiasmado como *empresario,* pues dice que la obra puede tener un éxito como el *Tenorio* de Zorrilla. Ayer comí en casa de Marquina y me dijo *que se cortaba la mano* derecha, con la que escribe, si esta obra no era un clamor en todos los países de habla española.» Además, la lectura ha causado buena impresión al prestigioso crítico teatral Enrique Díez-Canedo y a Pedro Salinas. Las dificultades surgen de la situación política: «Parece ser que el Directorio... no la deja poner, pero nosotros vamos a empezar a ensayarla, para tenerla preparada en la primera ocasión, que será dentro de este año, según todos creen.» Por el momento es imposible, «pues aunque la dejaran poner en escena, en el teatro *se armaría un cisco*»... aunque «el éxito de la obra, me he convencido de que no es *ni debe,* como quisiera don Fernando [de los Ríos], ser político, pues es una *obra de arte puro...*»

De hecho, la dictadura de Primo de Rivera hará abandonar el proyecto a Martínez Sierra en febrero de 1926, con gran disgusto de Lorca. Empieza la búsqueda

de una actriz, imprescindible. Lorca piensa en María
Guerrero, en Carmen Moragas, en Lola Membrives:
«Hay que dar todos los pasos», escribe a sus padres, en
abril de 1926. Desde septiembre de 1925 se intenta que
la acepte Margarita Xirgu, por mediación de Marquina.
(Marquina y la gran actriz catalana estuvieron en Granada y en casa de Federico en mayo de 1919, a juzgar
por una carta de A. Gallego Burín a Melchor Fernández Almagro.) Aunque el resultado sería positivo, el
proceso es largo, y las cartas de 1926 se salpican de expresiones de desánimo, sobre un asunto del que va de-
pendiendo su situación personal y su futuro como dra-
maturgo, según se desprende de una carta a Marquina
fechada en Granada a finales del verano de 1926:
«Margarita Xirgu quedó en contarme su impresión de
la lectura *de la latosísima* Mariana Pineda. No lo ha
hecho… Yo no sé qué hacer y estoy fastidiado, porque
como mis padres no ven *nada práctico* en mis actuacio-
nes están disgustados conmigo…» «Le ruego no me ol-
vide en esta situación indecisa… … yo sigo colgado, sin
el menor atisbo de iniciar mi labor de poeta dramático,
en la cual tengo tanta fe y tanta *alegría.*»

La impaciencia y la inquietud crecen hasta que el 13
de febrero de 1927 el director teatral Cipriano Rivas
Cherif le comunica oficialmente que Margarita Xirgu
va a poner la obra. En abril acude a Madrid, donde tiene lugar una lectura en el teatro Fontalba, en presencia
de Rivas Cherif, Azaña y Fernández Almagro. Pasa
parte de mayo en Figueras, para preparar el decorado y
los trajes con Dalí, quien conocía ya la obra, que fue
leída en su casa en la primavera de 1925. Siempre aten-
to al conjunto del hecho dramático, es consciente de las
posibilidades de enlazar por ese medio el ambiente de
su obra (que en ese momento resulta demasiado apega-
do a las tradiciones del modernismo) con la estética del
momento, que empieza a habituarse a la figuración de
vanguardia. De ahí su seguimiento minucioso de los as-
pectos plásticos. Así, a fines de julio de 1927, escribe a

Falla, otro de sus maestros en el trabajo de refinar el material artístico: «Yo le he recordado constantemente mientras se realizaba el decorado de Mariana Pineda, lleno de un maravilloso andalucismo intuido sagazmente por Dalí a través de fotografías genuinas y de conversaciones mías exaltadas, horas y horas, y sin nada de *tipismo*.» Una carta de Dalí, de principios de abril de 1927, nos guía acerca de su idea de la realización plástica, centrada en la depuración, en el enfriamiento de la escenografía. En la carta hay además un ligero toque de provocación vanguardista que no deja de ser revelador: «Todas las escenas enmarcadas en el marco blanco de la litografía que tú proyectaste... *el color tiene que estar en los trajes de los personajes...* el *decorado* será *casi monocromo...* El conjunto será de una *sencillez* tal, quc (mc parccc) a los mismos puercos dejará de indignar porque la impresión que dará al levantarse el telón y antes de empezar a analizar, será de una calma y *naturalidad* absolutas». El distanciamiento respecto del patrón naturalista y simbolista quedaba patente al ser los decorados más pequeños que la embocadura del teatro, como un escenario dentro del escenario.

DIÁLOGO DEL AUTOR Y LA CRÍTICA

El estreno en Barcelona alcanza seis representaciones con éxito de crítica. Sin embargo, el estreno madrileño está rodeado de una serie de precauciones y precisiones de poética, como a sabiendas de que podría librarse una cierta «batalla literaria» (R. Doménech). En primer lugar, concede una entrevista a su joven paisano Francisco Ayala, para *La Gaceta Literaria*, el nuevo «periódico de las letras» de orientación moderna (1 de julio de 1927), donde insiste en el carácter lírico de su heroína y en la interpretación no política de la obra («... es una figura esencialmente lírica. Sin odas. Sin milicianos. Sin lápidas de CONSTITUCIÓN»). Alude a otras versiones del drama «no viables teatralmente», y a la conexión, en la que estrena, de «dos planos: uno amplio, sintético, por el que pueda deslizarse con facilidad la atención de la gente. Al segundo —el doble fondo— sólo llegará una parte del público». La determinación de ese «doble fondo» ha atraído a la crítica posterior como un imán.

Además, el mismo día del estreno envía al *ABC* una importante «Autocrítica» donde vuelve a salir al paso de la interpretación épica e historicista del drama: «No he recogido... la versión histórica exacta, sino la legendaria, deliciosamente deformada por los narradores de placeta.» Un elemento nuevo, dictado por la actualidad más inmediata, es la referencia a la vanguardia, ya presente en el «horizonte de expectativa» del público. A ese respecto, matiza exquisitamente la posición de la obra, con un agudo juego de palabras: «No pretendo que mi obra sea de vanguardia. Yo la llamaría mejor de gastadores; pero creo que hay en ella una vibración que no es tampoco la usadera.» Tal vibración se desprende del «ambiente de estampas», usado para desrealizar «todos los tópicos bellos del romanticismo» y evitar el *pastiche* romántico que podría esperarse del argumento. El modo de estilizar el material está ya claro respecto al proyecto de 1923. Lorca delimita ahora un espacio propio, frente a Valle-Inclán. «Yo veía dos maneras para realizar mi intento: una, tratando el tema con truculencias y manchones de cartel callejero (pero esto lo hace insuperablemente don Ramón [del Valle-Inclán]), y otra, la que he seguido, que responde a una visión nocturna, lunar e infantil.»

El estreno tiene éxito de público —aún no de masas, como en las piezas posteriores— y, con salvedades, de crítica. Entre las reseñas llama la atención la de Francisco Ayala, nuevamente en *La Gaceta Literaria,* porque entra en diálogo con la «Autocrítica», concentrándose en definir la «vibración nueva» de la obra. A su juicio, ésta procede no del contenido, sino de su transformación a través del lenguaje poético, que Ayala interpreta a la luz de *La deshumanización del arte* de Ortega: «El romanticismo, aquí, se nos muestra —objeto, tema— a través de cristales fríos. (En cierto modo, deshumanizantes. Aunque alguien no lo quiera creer.) Cristales del arte nuevo, que destellan siempre un bisel de ironía.» De igual modo, al poner de relieve la autonomía del elemento lírico dentro de la obra, parece tener presente la definición orteguiana de la poesía como «álgebra superior de las metáforas» o la predilección creacionista por la imagen: «A veces, el complejo se quiebra, se descompone. Uno de sus elementos —la crítica— se inhibe. Y salta entonces —arteria herida— un hilo de lirismo puro, hecho de imágenes recién nacidas...»

Esta sintonía entre poeta y crítico en torno a los elementos de «arte nuevo» que contiene MARIANA PINEDA es importante porque la obra no se abrió paso de modo evidente. Si Torrente Ballester ha recordado como testigo el estupor que causó el lenguaje del drama entre el público ovetense en 1927, otros reseñadores más habituados a los parámetros convencionales del teatro poético modernista, como J. G. Olmedilla, del *Heraldo de Madrid,* encontraban la obra «intermedia», «tímidamente audaz» y «pobremente eficaz» desde el punto de vista dramático, mientras que para el del *Socialista* el enfoque del drama menospreciaba la tradición liberal.

Lorca defiende su obra precisamente en una entrevista con Olmedilla (15 de octubre), donde el tono es conciliador, acorde con su condición de «autor novel», desde la definición —también de regusto orteguiano— de su literatura como «juego» hasta el afán por desmarcarse de ultraístas y vanguardistas, desde el gesto de gratitud hacia el público hasta el reconocimiento de no tener «hoy un juicio claro sobre ella, por lo lejana que está ya en mi producción». En cuanto al carácter de Mariana, discutido por la crítica, se reitera en el hallaz-

go de «la Mariana amante» («la concebí más próxima a
Julieta que a Judith, más para el idilio de la libertad
que para la oda de la libertad»). En lo referente a los
recursos dramáticos se refiere a su «técnica de estampas escénicas» como medio para dar ironía al asunto
romántico. En el mismo sentido justifica los anacronis-
mos, con una frase memorable: «el anacronismo bien
elegido es condensación de una época». Haciendo esta
vez profesión de clasicismo, se refiere también a sus
modelos —Shakespeare, Lope, Góngora—, a los que si-
túa en un nivel más profundo que el teatro romántico o
la retórica de vanguardia: «la línea dramática de mi
obra busca el sentido clásico a lo Lope, y la poética el
sentido clásico —en sus dos direcciones: culta y popular—, a lo Góngora».

La operación teatral se redondea también en el as-
pecto económico (carta a M. Fernández Almagro, julio
de 1927: «Quisiera saber cómo puedo cobrar en la So-
ciedad de Autores...) con la publicación de la obra en
la colección «La Farsa» (año II, 1 de septiembre de
1928, número 32), una colección barata de aparición
semanal, ligada a los estrenos madrileños, que dirigía
Valentín de Pedro. El volumen, dedicado «A la gran
actriz Margarita Xirgu», se diferencia del resto de la serie, donde figuran siempre bocetos de las decoraciones,
porque, además de éstos, aparecen cuatro dibujos del
autor, con su característica ingenuidad e impregnación
figurativa vanguardista. Esta intervención atestigua
nuevamente el cuidado con que Lorca rodea la que
considera su primera aparición teatral.

Las sucesivas puestas en escena de MARIANA PINE-
DA van acompañadas de manifestaciones teóricas del
autor, interesantes porque en ellas prosiguen las mati-
zaciones sobre el sentido de la obra en función del presente. El 29 de abril de 1929 se estrena en Granada y,
unos días después, en el curso de un homenaje, García
Lorca recapitula su idea del drama. Sobre la misma
oposición ya conocida, Julieta / Judith, madrigal / oda,

ahora el matiz consiste en privilegiar el patetismo de la heroína, frente a la insistencia de 1927 en la estilización de la forma: «MARIANA PINEDA venía pidiendo justicia por boca de poeta. La rodearon de trompetas y ella era una lira. La igualaron con Judith y ella iba en la sombra buscando la mano de Julieta, su hermana. Ciñeron su garganta partida con el collar de la oda y ella pedía el madrigal libertado. Cantaban todos el águila que parte de un aletazo la dura barra de metal y ella balaba mientras, como el cordero, abandonada de todos, sostenida tan sólo por las estrellas.» Hace su aparición una lectura espiritualista: «Yo he cumplido mi deber de poeta oponiendo una Mariana viva, cristiana y resplandeciente de heroísmo frente a la fría, vestida de forastera y libre-pensadora del pedestal.» Y adopta ya una autocrítica no defensiva, como en 1927: «Mi drama es obra débil de principiante, y aun teniendo rasgos de mi temperamento poético, no responde ya en absoluto a mi criterio sobre el teatro.» Lorca reflexiona sobre su drama desde el interior de su propia evolución espiritual y poética, que atraviesa por una profunda crisis: «Ahora más que nunca, necesito del silencio y la densidad espiritual del aire granadino para sostener el duelo a muerte que sostengo con mi corazón y con la poesía.» Confirma la crisis una alusión intertextual —«en este duelo a muerte con la virgen poesía, / duelo de rosa y verso, de número y locura»— del soneto a Carmela Cóndon, fechado en 1929. No es sólo una crisis individual, pues afecta al devenir de todo el «arte nuevo»: corren aires de «rehumanización», y MARIANA PINEDA sobrevive a ellos y se beneficia de ellos.

La última autoexégesis extensa de la obra tiene lugar a fines de 1933, en Buenos Aires. Con motivo del estreno por Lola Membrives, en enero de 1934, Lorca adelanta unas referencias a la prensa (*La Nación,* 12 de diciembre), para familiarizar al público argentino con su obra. Su posición como autor dramático ha cambiado sustancialmente. Ya no es un «autor novel», sino el autor del *Romancero* y de *Bodas de sangre,* con su éxito masivo, el embajador de las letras españolas en América. La situación política ha cambiado también: el Ayuntamiento constitucional de su pueblo, Fuente Vaqueros, le ha dedicado una calle, y otra a Mariana Pineda. La plenitud de Lorca se acompasa al mundo de la Segunda República.

El signo más visible, en este contexto, es la recuperación de lo político, superando la contradicción amor / libertad. Ambos términos aparecen ahora armonizados en un plano superior: «Yo he intentado que Mariana Pineda, mujer de profunda raigambre española, cante al amor y a la libertad la estrofa de su vida en forma que adquiera el concepto de universalidad de aquellos dos grandes sentimientos». Se repite, con hermosas variaciones, la glosa del recuerdo infantil, que se desdobla en una fusión mítica de la heroína y Granada: «Sobre esas dos cruces de dolor y de dicha [el amor y la libertad], clavada en estos dos espejismos, creados por los dioses para dar a la vida del hombre un contenido de esperanza, Mariana Pineda se me antojaba un ente fabuloso y bellísimo, cuyos ojos misteriosos seguían con inefable dulzura todos los movimientos de la ciudad. Materializando aquella figura ideal, antojábaseme la Alhambra una luna que adornaba el pecho de la heroína: falda de su vestido, la vega bordada en los mil tonos del verde, y la blanca enagua, aquella nieve de la sierra, dentada sobre el cielo azul...» Al volver sobre el estreno de 1927, está mucho más seguro de sí mismo, de haber contribuido a la renovación del teatro español, aportándole «una poesía que fluía natural y constantemente, no sólo de los personajes, sino del ambiente que les rodea»; el tiempo ha confirmado su creencia de que el «teatro no es ni puede ser otra cosa que emoción y poesía en la palabra, en la acción y en el gesto».

Todavía alcanzará el sacrificio de Mariana Pineda una resonancia especial: cuando en 1937 Manuel Altolaguirre pone en escena la obra en Valencia, en el marco del II Congreso de Escritores por la Libertad de la Cultura, el destino ha igualado a autor y personaje: Lorca ha muerto en Granada, a manos de los enemigos de la libertad.

II

Hasta aquí el periplo de la obra según Lorca y sus contemporáneos. En su curso han ido apareciendo indicaciones relativas a varios registros: relación entre la historia y el texto, construcción y técnica, modelado del personaje principal, tema y sentido de la obra. Intentaremos completarlos, con ayuda de la crítica posterior.

REALIDAD HISTÓRICA Y CREACIÓN ARTÍSTICA

Por lo que se refiere a la relación con la historia, Lorca parte del horizonte romántico al evocar el ambiente decimonónico y en la biografía de Mariana Pineda.

Para lo primero teje una «fina malla de andalucismo» (C. Zardoya). Se manifiesta en el vestuario: la criada Clavela «viste de maja»; las hijas del Oidor «vienen vestidas a la moda de la época, con mantillas y un clavel rojo en cada sien» (véase, en esa línea, la pormenorizada descripción del traje de campesino rico que lleva el conspirador 4); aparece también el andalucismo en referencias precisas, como el catálogo de bailes de la alegre Amparo —«yo canto y bailo el jaleo / de Jerez, con castañuelas; / el vito, el ole, el bolero» (1, II), que quizá proceda de la lectura de Estébanez Calderón—, y en la nota musical de *El contrabandista* de Manuel García, la canción que Mariana interpreta al final de la Estampa segunda.

El posible costumbrismo de estos elementos es matizado por las acotaciones escenográficas y dramatúrgicas, que responden al ideal sintético del «teatro de arte» modernista y conducen a sugerir una «atmósfera viva» (C. Zardoya) fundiendo en sinestesia sensaciones temporales, lumínicas e incluso olfativas. En la Estampa primera, cuando Mariana aguarda la llegada de la noche «mira la hora en uno de esos grandes relojes dorados, donde sueña toda la poesía exquisita de la hora y el siglo». Más adelante, en la misma Estampa, «Las luces topacio y amatista de las velas hacen temblar líricamente la habitación»... «El fino y otoñal perfume de los membrillos invade el ambiente.»

La sugestión simbólica de la iluminación tiene su punto más alto en la escena última: «Toda la escena irá adquiriendo hasta el final una gran luz extrañísima de crepúsculo granadino. Luz rosa y verde entra por los arcos y los cipreses se matizan exquisitamente, hasta parecer piedras preciosas. Del techo desciende una suave luz naranja, que seguirá intensificándose hasta el final.» La paleta de Lorca tiene todavía los tonos suntuosos del modernismo, pero ya esta luz de Granada anuncia la depuración máxima del *Diván del Tamarit:* «Granada era una corza / rosa por las veletas.»

Andalucismo y granadinismo aparecen también en el lenguaje, cuya variedad destacó Federico García Lorca. En la obra se armonizan refranes y expresiones del lenguaje coloquial y afectivo de Granada («Hay nubes por Parapanda / Lloverá aunque Dios no lo quiera», 1, IV; «¡A la costa mis niños! 2, II; «¡Ay, señora; mi niña, clavelito, prenda de mis entrañas!», 2, IX; «¡Me iré casa don Luis!», 2, IX) con otras varias de raigambre folclórica. A veces la acotación da carácter de cita a una copla: «Mariana *(popular):* Pues si mi pecho tuviera / vidrieritas de cristal / te asomaras y lo vieras / gotas de sangre llorar» (1, VIII). No obstante, Lorca se cuida mucho de que estas expresiones tengan un valor funcional, para alejarse del tipismo, o de injertar imágenes y

metáforas atrevidas en contextos tradicionales, como
en el romance de los toros en Ronda, ese «acierto
total» (Francisco García Lorca) que puede situarse
entre el abigarramiento pictórico de un Alenza y el
creacionismo: «La plaza con el gentío / (calañés y altas
peinetas) / giraba como un zodíaco / de risas blancas
y negras».

Para la biografía se sirvió de un cañamazo de hechos
verídicos. Mariana Pineda, nacida en 1804, noble, hija
de un capitán de navío, aunque criada por unos padres
adoptivos, es viuda y con dos hijos cuando en 1828 ayuda a escapar de prisión a su pariente el militar liberal
don Fernando Álvarez de Sotomayor, pasándole en sus
visitas un hábito de franciscano. Éste se interna en la
Alpujarra y se refugia en Gibraltar. En 1831, a causa
de la delación de un realista, es procesada por haber
mandado bordar una bandera que serviría de insignia a
una insurrección liberal, «un tafetán morado... con un
triángulo verde en medio» donde se leían las palabras
Igualdad, Libertad, Ley en letras carmesíes. Es encarcelada en el Beaterio de Santa María Egipciaca, cono-
cido como el de Recogidas. Se le promete la libertad si
delata a los jefes de la insurrección. Se niega y es con-
denada a muerte por el absolutista alcalde del crimen,
Ramón Pedrosa. Al conocer la sentencia, dice: «Tengo
el cuello muy corto para ser ajusticiada.» Se le da ga-
rrote el 23 de mayo de 1831.

Todas las circunstancias y personajes referidos se integran en el drama, con algunos cambios: Don Fernando Álvarez de Sotomayor queda desdoblado en Pedro
Sotomayor y en el joven Fernando. Aparte de algún
anacronismo aislado (dice Pedrosa: «Hay tantos liberales / y tantos anarquistas por Granada...», 2, IX), la
economía del drama lleva a Lorca a aumentar la edad
de Mariana («Ya pasé los treinta», 1, III) y a distribuir
en una secuencia temporal de otoño (Estampa primera),
invierno (Estampa segunda) y primavera (Estampa tercera), respectivamente, el episodio de la fuga de Soto-

mayor, la traición del gobernador de Málaga González Moreno a Torrijos, causante del fracaso de la intentona y de su muerte (aunque este hecho tuvo lugar en diciembre de 1831), y la ejecución de Mariana Pineda.

Además de por documentación directa (quizá se sirviera del libro de José de la Peña y Aguayo *Doña Mariana Pineda. Narración de su vida y descripción de su ajusticiamiento* —1836—), la historia de Mariana llega hasta Lorca a través de dos tradiciones paralelas. Una es la de las conmemoraciones cívicas que se suceden en Granada desde 1836, con especial relevancia durante los períodos liberales y republicanos de la historia española (1836, 1854, 1873, 1931). La Mariana liberal deja en Granada una huella urbanística, en una plaza con estatua (1873) flanqueada por calles de expresivos nombres: Cuesta del Progreso, Plaza de los Campos Elíseos («Yo tenía en Granada su estatua frente a mi ventana, que miraba continuamente»), además de profusión de iconografía y poemas de circunstancias, en los que acostumbra a repetirse la saña inicua de Pedrosa («el tigre, juez de la caterva impía») y el valor y firmeza de Mariana.

Lorca continúa esta tradición en la veta temática de la defensa de la libertad civil y política, tal como la manifiesta Pedro en un cuidado parlamento (2, V). Curiosamente se expresa en un tono regeneracionista que hace pensar en páginas de Unamuno y Antonio Machado más que en la retórica del liberalismo decimonónico: «No es hora de pensar en quimeras, que es hora / de abrir el pecho a bellas realidades cercanas / de una España cubierta de espigas y rebaños, / donde la gente coma su pan con alegría, / en medio de estas anchas eternidades nuestras / y esta aguda pasión de horizonte y silencio. / España entierra y pisa su corazón antiguo, / su herido corazón de península andante, / y hay que salvarla pronto con manos y con dientes.»

La segunda tradición es puramente literaria: difunde la gesta de Mariana en romances y cantares de transmi-

sión popular, dotándola de rasgos legendarios. Entre
ellos, el estupendo romance sobre el que monta la
obra. En cuanto al carácter de la Mariana enamorada,
hallazgo nuclear de la obra, no es histórico. No hay
inconveniente en aceptar —con el autor— que lo in-
ventó o lo dedujo de la historia y la leyenda.

LÍRICA Y DRAMA

En el terreno de la construcción artística es determi-
nante el subtítulo, «Romance popular en tres estampas». F. Lázaro estudió hace tiempo cómo la estructura
de la obra se asienta sobre los cauces del teatro modernista, tanto en el uso del verso, empleado en función
contextual, superpuesta a la función comunicativa, como en la distribución de la materia dramática en estampas. Lorca ya había subtitulado en 1923 la pieza para
marionetas *La niña que riega la albahaca y el príncipe
preguntón* como «cuento andaluz en tres estampas y un
cromo», y ahora el vocablo, con su carga pictórica y
estática, aparece en la acotación del prólogo. La primera escena que ve el espectador «estará encuadrada en
un margen amarillento, como una vieja estampa, iluminada en azul, verde, amarillo, rosa y celeste». El pa-
rangón es referido incluso a la interpretación no naturalista de los actores: «Mariana se sienta en una silla,
de perfil al público, y Fernando junto a ella, un poco
de frente, componiendo una clásica estampa de la época» (1,VIII).

El prólogo —la escenificación del romance— tiene
una importancia especial como «marco crucial de referencias», que se proyecta sobre el drama actuando
como vehículo de la «visión nocturna, lunar e infantil», a
través del cual se filtra la materia histórica. El efecto de
estilización se refuerza con la presencia de la niña de la
generación siguiente a Mariana, «vestida a la moda de
1850», que canta un fragmento del romance y que podría considerarse como la autora poética del drama, es-

crito «como pudo haberlo soñado un niño» (S. Greenfield). La repetición del romance al final encaja el drama en un esquema circular mediante el cual —como ha
puesto de relieve la crítica— la narración se eleva al
plano «como de eterno retorno» del mito (Martínez
Cuitiño).

El proverbial tino y gusto de Lorca para seleccionar
y asimilar la poesía popular queda de manifiesto si se
compara el texto del prólogo, en el que cada uno de los
versos es pertinente para el desarrollo de la obra con
otro fragmento, que también transmitía la tradición
oral granadina: «Marianita a cadalso la llevan, / una
corte la va acompañando, / y sus hijos la dicen llorando: / no nos dejes querida mamá. / Que me quiten
mis hijos delante / de manera que no los vea yo; / que
me quiten mil veces la vida / ya Jesús, qué dolor,
qué dolor.» Desde el punto de vista poético es sensi-
blemente inferior, y Lorca lo descarta del prólogo,
aunque integra en el cuerpo de la obra la idea de la
contraposición de amor maternal y deber moral: «¡No
quiero que mis hijos me desprecien! / ¡Mis hijos tendrán un nombre claro como la luna llena!»

En efecto, Lorca aprende de Lope el uso de la canción popular como catalizador de la acción dramática.
De hecho, si el romance del prólogo condensa toda la
obra, en el romance de la muerte de Torrijos hay una
alusión intertextual al *Caballero de Olmedo* («muy de
noche lo mataron / con toda su compañía») y en la Estampa tercera los presagios de Mariana se vierten directamente en coplas populares, como en la obra lopes-
ca, favorita del autor: «A la vera del agua / sin que
nadie la viera / se murió mi esperanza»... «esta copla
está diciendo / lo que saber no quisiera» (3, IV): «Recuerdo aquella copla que decía / cruzando los olivos de
Granada / «Ay, qué fragatita, real corsaria! ¿Dónde
está / tu valentía? / Que un velero bergantín / te ha
puesto la puntería» (3, VI).

Ya dentro de cada estampa, el canon del teatro poético modernista se distingue por la presencia de tiradas de versos con carácter extradramático, como las arias en la ópera, y Lorca, que «ensanchó notablemente la entrada de elementos líricos» (Lázaro Carreter) ensaya diferentes tipos de ellas: del tipo descriptivo, más o menos ajeno a la acción, son ejemplos los romances de los toros en Ronda, del Conde de Lucena y de la muerte de Torrijos. Aunque «piezas aislables y muy próximas a las del *Primer romancero gitano*» (Mario Hernández), su grado de inserción en la trama va de menos a más, pues los dos últimos presagian nuevamente el desenlace.

Aparte de la modalidad inventada por él, que F. Lázaro llama «escena lírica» o reparto de la materia poética entre varios personajes que la declaman alternadamente —tal es la escena de Clavela y los niños en la Estampa segunda—, la variedad más importante de estas tiradas es la del tiro elegiaco, que sirve para la manifestación de sentimientos íntimos. En ellas se concentra la voz de Mariana, principal portadora del «nuevo lenguaje estrechamente emparentado con el de su poesía no teatral», el cual, a juicio de L. Fernández Cifuentes, constituye la modificación más relevante que Lorca opera sobre el paradigma del teatro poético modernista. El uso de este lenguaje sobrepasa la «función de adorno» que este paradigma confería al verso teatral para hacerse cargo de una función más importante, la de mostrar un conflicto entre el texto de la historia, lo que Federico García Lorca llama «la parte llana y narrativa de la obra», y el discurso encarnado por el personaje central.

En la acción dramática, este conflicto se advierte en la naturaleza del diálogo que sostienen los personajes. El discurso lírico de Mariana se opone al de los demás personajes, que se distingue por su «frontalidad y transparencia» como «lo dividido, lo oscuro, lo fronterizo» (Fernández Cifuentes). Mariana se revela como un alma inadaptada, cuyo interior se opone al mundo por ser más amplio y más vasto que la realidad, un «héroe problemático» en el sentido que Lukács da al término en su *Teoría de la novela*.

A partir del rasgo primordial de Mariana, expuesto en la apertura de la obra (Clavela: «Si pensara como antigua, le diría... / embrujada. Angustias: *(Rápida)* Enamorada», 1, I), el amor entendido como fatalidad (... «Soy una mujer / que va atada a la cola de un caballo», 2, VIII) la conduce al aislamiento; como a doña Rosita, como a Yerma. F. Cifuentes ha analizado la alternancia de escenas de diálogo, en las que Mariana desconcierta o no es comprendida por los demás, y los citados parlamentos elegiacos. En ellos coincide el espacio escénico vacío, sin acción, con la palabra difícil de una lírica cargada de imágenes, muy próxima al mundo de *Canciones*. Así en el espléndido monólogo en que Mariana, como Julieta, quiere adelantar la hora para que llegue la noche (1, V): «Si toda la tarde fuera / como un gran pájaro, ¡cuántas / duras flechas lanzaría / para cerrarle las alas! / Hora redonda y oscura / que me pesa en las pestañas. / Dolor de viejo lucero / detenido en mi garganta.» También rezuma aquí la melancolía del *Libro de poemas,* con sus alusiones a las canciones infantiles: «Dormir tranquilamente, niños míos, / mientras que yo, perdida y loca, siento / quemarse con su propia lumbre viva / esta rosa de sangre de mi pecho. / Soñar en la verbena y en el jardín / de Cartagena, luminoso y fresco, y en la pájara pinta que se mece / en las ramas del agrio limonero.» (2, III).

Es quizá en la relación de Mariana y los tres personajes masculinos en donde se dibuja más claramente su dificultad para incorporarse al coloquio y en donde la complejidad de su deseo contrasta más con las intenciones de aquéllos, simples y previsibles por el espectador. Así, el diálogo entre Fernando y Mariana (1, VIII) se caracteriza por la discontinuidad y la incomunicación. Frente al amor juvenil y romántico de Fernando —«Prisionero soy de amor / y lo seré mientras viva»—,

Mariana, aunque no renuncia a cierto juego de seducción, se muestra ajena, como en otro mundo indeterminado («Pero mi vida está fuera, por el aire, / por el mar, / por donde yo no quisiera») que ella asocia a su amor por Pedro. No hay sitio para Fernando porque todo es de Pedro («Decirte cómo le quiero / no me produce rubor»).

Sin embargo, la llegada de éste (2, V) se resuelve también en desencuentro. La «vehementísima y profunda pasión» que la acotación marca a Mariana no acaba de casar con el cariño y la gratitud de Pedro. Para éste la libertad común es condición del amor: «¿Cómo podría quererte no siendo libre, dime?» Para ella el amor es fin único, condición previa a todo. La victoria épica de Pedro («Venceré con tu ayuda. ¡Mariana de mi vida! / ¡Libertad, aunque con sangre llame a todas las puertas!») no es la de Mariana («¡Mi victoria consiste en tenerte a mi vera!... y quiero a todo el mundo, / hasta al rey y a Pedrosa»). Más que nunca, es una «Julieta sin Romeo».

El enfrentamiento con el malvado y lujurioso Pedrosa (Estampa segunda, IX) es más convencional. La escena corre el evidente peligro de caer en el patrón maniqueo del melodrama, por lo que Lorca extrema las indicaciones escénicas, tanto en la caracterización del personaje («hay que huir de la caricatura», advierte) como en las normas de interpretación, que alcanzan su cenit dentro de la obra: En esta escena habrá pausas imperceptibles y silencios instantáneos, en los cuales luchan desesperadamente las almas de los dos personajes. Escena delicadísima de matizar, procurando no caer en exageraciones que perjudicarían su emoción».

El último verso de la Estampa segunda: «Mírame y llora. ¡Ahora empiezo a morir!» marca el sentido de la Estampa tercera, donde la inicial «visión romántica» desemboca «en la catarsis final de la tragedia clásica» (C. Zardoya).

Los diálogos ponen de manifiesto el progreso de la

divergencia entre el deseo de Mariana y la realidad que la circunda. Sus palabras se van tornando cada vez más inconexas, llenas de presagios, de locas esperanzas, hasta llegar al punto en que «el soliloquio lírico de la protagonista acaba por desplazar toda posibilidad de coloquio» (F. Cifuentes).

La acción es ahora sólo interior al delirio de Mariana, a su soledad. El único gesto positivo frente al mundo exterior es su resolución de callar («No diré nada, como usted querría, / a pesar de tener un corazón / en el que ya no caben más heridas»). Como en la tragedia griega, esta decisión conduce a la anagnórisis, al reconocimiento de sí misma, en los versos de la solemne despedida final: «¡Yo soy la Libertad, herida por los hombres!» Pero esa afirmación se dice desde el sacrificio («¡¡Libertad!! Porque nunca se apague tu alta lumbre / me ofrezco toda entera»). Desde la muerte. Como en el «drame estatique» de Maeterlinck estudiado por P. Szondi, en esta Estampa es la muerte quien domina una escena donde la acción ha sido reemplazada por la situación de la muerte: «¡Ya estoy muerta, amiguito!», replica Mariana al «¡Habla, quiéreme y vive!» de Fernando (3, VII).

Pero la anticipación del desenlace se ha diseminado a lo largo de toda la obra, en los romances y coplas, en acciones, como el juego de los niños envueltos en la bandera, y en notas escenográficas, como la «Virgen de los Dolores que, con el corazón atravesado de puñales, llora en el muro del Beaterio. Más sutil y original es la presencia de redes de asociación semántica. Entre ellas destaca la metonimia del cuello de Mariana, que atrae las miradas de todos: de la joven Amparo, su admiradora: «Porque este cuello, ¡oh, qué cuello!, / no se hizo para la pena» (1, IV); y sobre todo de Pedrosa; refiriéndose a la fuga de Pedro dice Fernando: «... el preso se escapó; pero Pedrosa / ya buscará su garganta / Pedrosa conoce el sitio / donde la vena es más ancha» (1, VI), La terrible, penetrante mirada, que ya está en el ro-

mance del prólogo, es el rasgo que distingue a Pedrosa:
Mariana la siente capaz de vencer la protección de la
casa, el espacio que le corresponde como mujer: «¡Qué
silencio el de Granada! / Hay puesta en mí una mirada /
fija, detrás del balcón.» Fernando: (Extrañado) «¿Qué
estás hablando?» / … Mariana: «Me mira (Levantándose) / la garganta, que es hermosa, / y toda mi piel se
estira. / ¿Podrás conmigo, Pedrosa?» (1, VII). También en la escena del encuentro con Pedro vuelve a sentir Mariana esa amenazadora fluidez entre el interior y
el exterior («Me parece que hay hombres detrás de las
cortinas, / que mis palabras suenan claramente en la
calle» —2,V—), una fluidez que es la contrapartida de
su actividad ilícita, puesta de manifiesto por la voz de
doña Angustias, la voz del deber, a comienzos de la
obra: «Ella debe dejar esas intrigas: / ¡Qué le importan
las cosas de la calle!… Que si el Rey no es buen Rey,
que no lo sea; las mujeres no deben preocuparse» (1, I).

El entusiasmo erótico de Pedro se centra en el cuello: «… y alienta / ese rostro bravío y esos ojos ardientes / (amoroso) sobre tu cuello blanco, que tiene luz de
luna» (2, V); la lascivia de Pedrosa apunta al mismo
lugar: «Me has despreciado siempre; pero ahora / puedo apretar tu cuello con mis manos, / este cuello de
nardo transparente» (2, IX).

A comienzos de la Estampa tercera las dos novicias
miran a Mariana por el ojo de una cerradura: lo que
ven recuerda los retratos tenebristas de los mártires:
«¡Qué blanca está, qué blanca! / Reluce su cabeza / en
la sombra del cuarto» … «…en la iglesia / la vi después
llorando / y me pareció que ella / tenía el corazón en la
garganta» (3, I).

Cuando Pedrosa intenta que delate, tras comuni-
carle la sentencia, Mariana responde con la frase histórica: «Pero yo pienso que es mentira. Tengo el cuello
muy corto para ser / ajusticiada. Ya ve. No podrían. /
Además, es hermoso y blanco: / nadie querrá tocarlo» (3, V).

Al lado reaparece el tema de la mirada. La decisión de no hablar se traduce en vencer la mirada de Pedrosa: «Antes me daban miedo sus pupilas. Ahora le estoy mirando cara a cara, / (se acerca) y puedo con sus ojos que vigilan / el sitio donde guardo este secreto...»

Todavía, en medio de la explosión de prodigios primaverales que preludian la despedida de Mariana hacia el cadalso, las novicias vuelven a referirse al cuello: «¡Su cuello es maravilloso!»... «Cuando lloraba / me pareció que se le iba / a deshojar en la falda.» La mirada al cuello acaba fundiéndose con la imagen de la flor tronchada, que remite directamente al prólogo. El círculo se cierra.

¿Cuál es el sentido de esta muerte, tan cuidadosamente preparada? Como ha escrito recientemente C. Maurer, si la obra de García Lorca puede ser reducida a una polaridad básica, ésta sería la polaridad de presencia y ausencia que implica un deseo siempre sostenido. El deseo o el amor (no la frustración) da coraje a Mariana para ofrecer su sangre, «que es la sangre de todas las criaturas» y convertirse en Libertad, «esa luz armoniosa que ilumina por dentro», en objeto de todos los deseos. Se borran las fronteras entre lo íntimo y lo público, lo individual y lo común. Desde dentro de los límites que el género le marca, Lorca alcanza la dimensión de universalidad a que se refería en 1933.

Andrés Soria Olmedo.

BIBLIOGRAFÍA

DOMÉNECH, RICARDO: «A propósito de *Mariana Pineda*», en *Cuadernos Hispanoamericanos* (Madrid), núm. 70.

FERNÁNDEZ CIFUENTES, LUIS: *García Lorca en el teatro: la norma y la diferencia,* Zaragoza, Universidad, 1986.

GARCÍA LORCA, FEDERICO: *Epistolario, I y II,* Introducción, edición y notas de Christopher Maurer, Madrid, Alianza, 1983.

GARCÍA LORCA, FEDERICO: *Obras completas,* Recopilación, cronología, bibliografía y notas de Arturo del Hoyo, 3 tomos, Edición del Cincuentenario, Madrid, Aguilar, 1986.

GARCÍA LORCA, FEDERICO: *Mariana Pineda,* Translated with an introduction and commentary by Robert G. Havard, Warminster, Aris & Phillips, 1987.

GARCÍA LORCA, FRANCISCO: *Federico y su mundo,* Edición y prólogo de Mario Hernández, Madrid, Alianza, 1980.

GAYA, RAMÓN [R. G.]: «Representación de *Mariana Pineda*», en *Hora de España,* Valencia, 1937, 8, páginas 75-76.

GIBSON, IAN: *Federico García Lorca. 1. De Fuente Vaqueros a Nueva York 1898-1929,* Barcelona, Grijalbo, 1985.

GIBSON, IAN: *Federico García Lorca. 2. De Nueva York a Fuente Grande,* Barcelona, Grijalbo, 1987.

GIL, ILDEFONSO MANUEL (ed.): *Federico García Lorca,* Madrid, Taurus, 1973.

GREENFIELD, SUMMER: «El problema de Mariana Pineda» (1960), en Gil (cit.), págs. 371-382.

LAFFRANQUE, MARIE: *Lorca ou la nécessité d'expression dramatique,* París, 1966 («Théatre de tous les temps»), págs. 28-40.

LÁZARO CARRETER, FERNANDO: «Apuntes sobre el teatro de García Lorca», en *Papeles de Son Armadans,* LII (1960), en Gil, págs. 271-286.

MARTÍN, EUTIMIO: *Federico García Lorca, heterodoxo y mártir. Análisis y proyección de la obra juvenil inédita,* Madrid, Siglo XXI, 1986, págs. 331-336.

MARTÍNEZ CUITIÑO, LUIS: «La génesis poética de "Mariana Pineda"», en *Homenaje a Federico García Lorca,* coordinador Manuel Alvar, Málaga, Ayuntamiento, 1988, págs. 101-110.

RODRIGO, ANTONINA: *Mariana de Pineda,* Madrid, Alfaguara, 1965.

RUIZ RAMÓN, FRANCISCO: *Historia del teatro español. Siglo XX,* Madrid, Cátedra, 1980, 4.ª ed., páginas 173-208.

TORRENTE BALLESTER, GONZALO: «Mariana Pineda, 1927», en *Primer acto,* 150, febrero de 1963, páginas 27-28.

ZARDOYA, CONCHA: «*Mariana Pineda,* romance trágico de la libertad», en *Revista Hispánica Moderna* (Nueva York), 34, 1968, págs. 471-497.

MARIANA PINEDA

ROMANCE POPULAR EN TRES ESTAMPAS
(1925)

A la gran actriz Margarita Xirgu

FEDERICO GARCÍA LORCA (1927).

PERSONAJES

MARIANA PINEDA.

ISABEL LA CLAVELA.

DOÑA ANGUSTIAS.

AMPARO.

LUCÍA.

NIÑO.

NIÑA.

SOR CARMEN.

NOVICIA 1.ª

NOVICIA 2.ª

MONJA.

DON PEDRO SOTOMAYOR.

FERNANDO.

PEDROSA.

ALEGRITO.

CONSPIRADOR 1.º

CONSPIRADOR 2.º

CONSPIRADOR 3.º

CONSPIRADOR 4.º

MUJER DEL VELÓN.

NIÑAS.

MONJAS.

PRÓLOGO

Telón representando el desaparecido arco árabe de las Cucharas y perspectiva de la plaza Bibarrambla, en Granada, encuadrado en un margen amarillento, como una vieja estampa iluminada en azul, verde, amarillo, rosa y celeste, sobre un fondo de paredes negras. Una de las casas que se vean estará pintada con escenas marinas y guirnaldas de frutas. Luz de luna. Al fondo, las niñas cantarán con acompañamiento el romance popular:

> ¡Oh, qué día tan triste en Granada,
> que a las piedras hacía llorar
> al ver que Marianita se muere
> en cadalso por no declarar!
>
> Marianita sentada en su cuarto
> no paraba de considerar:
> «Si Pedrosa me viera bordando
> la bandera de la Libertad.»
>
> *(Más lejos.)*
> ¡Oh, qué día tan triste en Granada,
> las campanas doblar y doblar!

> *(De una ventana se asoma una MUJER con un velón encendido. Cesa el coro.)*

MUJER

¡Niña! ¿No me oyes?

NIÑA
(Desde lejos)

¡Ya voy!

(Por debajo del arco aparece una NIÑA *vestida según la moda del año 1850, que canta:)*

Como lirio cortaron el lirio,
como rosa cortaron la flor,
como lirio cortaron el lirio,
mas hermosa su alma quedó.

(Lentamente, entra en su casa. Al fondo, el coro continúa.)

¡Oh, qué día tan triste en Granada,
que a las piedras hacía llorar!

Telón lento.

ESTAMPA PRIMERA

Casa de Mariana. Paredes blancas. Al fondo, balconci-
llos pintados de oscuro. Sobre una mesa, un frutero de
cristal lleno de membrillos. Todo el techo estará lleno de
esta misma fruta, colgada. Encima de la cómoda, gran-
des ramos de rosas de seda. Tarde de otoño. Al levan-
tarse el telón aparece DOÑA ANGUSTIAS, *madre adopti-*
va de Mariana, sentada, leyendo. Viste de oscuro. Tiene
un aire frío, pero es maternal al mismo tiempo. ISABEL
LA CLAVELA *viste de maja. Tiene treinta y siete años.*

ESCENA I

CLAVELA
(Entrando)

¿Y la niña?

ANGUSTIAS
(Dejando la lectura)

Borda y borda lentamente.
Yo lo he visto por el ojo de la llave.
Parecía el hilo rojo, entre sus dedos,
una herida de cuchillo sobre el aire.

CLAVELA

¡Tengo un miedo!

ANGUSTIAS

¡No me digas!

CLAVELA
(Intrigada)

¿Se sabrá?

ANGUSTIAS

Desde luego, por Granada no se sabe.

CLAVELA

¿Por qué borda esa bandera?

ANGUSTIAS

Ella me dice
que la obligan sus amigos liberales.
(Con intención.)
Don Pedro, sobre todos; y por ellos
se expone...
(Con gesto doloroso.)
a lo que no quiero acordarme.

CLAVELA

Si pensara como antigua, le diría...
embrujada.

ANGUSTIAS
(Rápida)

Enamorada.

CLAVELA
(Rápida)

¿Sí?

ANGUSTIAS
(Vaga)

¿Quién sabe?

(Lírica.)

Se le ha puesto la sonrisa casi blanca,
como vieja flor abierta en un encaje.
Ella debe dejar esas intrigas.
¿Qué le importan las cosas de la calle?
Y si borda, que borde unos vestidos
para su niña, cuando sea grande.
Que si el rey no es buen rey, que no lo sea;
las mujeres no deben preocuparse.

CLAVELA

Esta noche pasada no durmió.

ANGUSTIAS

¡Si no vive! ¿Recuerdas?... Ayer tarde...
(Suena una campanilla alegremente.)
Son las hijas del Oidor. Guarda silencio.

(Sale CLAVELA, *rápida.* ANGUSTIAS *se dirige a la puerta de la derecha y llama.)*

Marianita, sal, que vienen a buscarte.

ESCENA II

Entran dando carcajadas las hijas del Oidor de la Chan-
cillería. Visten enormes faldas de volantes y vienen con
mantillas, peinadas a la moda de la época, con un clavel
rojo en cada sien. LUCÍA *es rubia tostada, y* AMPARO,
morenísima, de ojos profundos y movimientos rápidos.

ANGUSTIAS
(Dirigiéndose a besarlas, con los brazos abiertos)

¡Las dos bellas del Campillo
por esta casa!

AMPARO
(Besa a DOÑA ANGUSTIAS *y dice a* CLAVELA:*)*

¡Clavela!
¿Qué tal tu esposo el clavel?

CLAVELA
(Marchándose, disgustada, y como temiendo
más bromas)

¡Marchito!

LUCÍA
(Llamando al orden)

¡Amparo!

(Besa a ANGUSTIAS.*)*

AMPARO
(Riéndose)

¡Paciencia!
¡Pero clavel que no huele,
se corta de la maceta!

LUCÍA

Doña Angustias, ¿qué os parece?

ANGUSTIAS
(Sonriendo)

¡Siempre tan graciosa!

AMPARO

Mientras
que mi hermana lee y relee
novelas y más novelas,
o borda en el cañamazo
rosas, pájaros y letras,
yo canto y bailo el jaleo
de Jerez, con castañuelas:
el vito, el ole, el sorongo,
y ojalá siempre tuviera
ganas de cantar, señora.

ANGUSTIAS
(Riendo)

¡Qué chiquilla!

(AMPARO *coge un membrillo y lo muerde.*)

LUCÍA
(Enfadada)

¡Estate quieta!

AMPARO
(Habla con lo agrio de la fruta entre los dientes)

¡Buen membrillo!

*(Le da un calofrío por lo fuerte del ácido, y
guiña.)*

ANGUSTIAS
(Con las manos en la cara)

¡Yo no puedo
mirar!

LUCÍA
(Un poco sofocada)

¿No te da vergüenza?

AMPARO

Pero ¿no sale Mariana?
Voy a llamar a su puerta.

(Va corriendo y llama.)

¡Mariana, sal pronto, hijita!

LUCÍA

¡Perdonad, señora!

ANGUSTIAS
(Suave)

¡Déjala!

ESCENA III

La puerta se abre y aparece MARIANA, *vestida de malva
claro, con un peinado de bucles, peineta y una gran rosa
roja detrás de la oreja. No tiene más que una sortija de
diamantes en su mano siniestra. Aparece preocupada, y
da muestras, conforme avanza el diálogo, de vivísima
inquietud. Al entrar* MARIANA *en escena, las dos muchachas corren a su encuentro.*

AMPARO
(Besándola)

¡Cómo has tardado!

MARIANA
(*Cariñosa*)

¡Niñas!

LUCÍA
(*Besándola*)

¡Marianita!

AMPARO

¡A mí otro beso!

LUCÍA

¡Y otro a mí!

MARIANA

¡Preciosas!

(A DOÑA ANGUSTIAS.)

¿Trajeron una carta?

ANGUSTIAS

¡No!

(*Queda pensativa.*)

AMPARO
(*Acariciándola*)

Tú, siempre

joven y guapa.

MARIANA
(*Sonriendo con amargura*)

¡Ya pasé los treinta!

AMPARO

¡Pues parece que tienes quince!

(Se sientan en un amplio sofá, una a cada lado. DOÑA ANGUSTIAS *recoge su libro y arregla una cómoda.)*

MARIANA
(Siempre con un dejo de melancolía)

¡Amparo!
¡Viudita y con dos niños!

LUCÍA

¿Cómo siguen?

MARIANA

Han llegado ahora mismo del colegio.
Y estarán en el patio.

ANGUSTIAS

Voy a ver.
No quiero que se mojen en la fuente.
¡Hasta luego, hijas mías!

LUCÍA
(Fina siempre)

¡Hasta luego!

(Se va DOÑA ANGUSTIAS.*)*

ESCENA IV

MARIANA

Tu hermano Fernando, ¿cómo sigue?

LUCÍA

                   Dijo
que vendría a buscarnos, para saludarte.

                               (Ríe.)

Se estaba poniendo su levita azul.
Todo lo que tienes le parece bien.
Quiere que vistamos como tú te vistes.
Ayer…

AMPARO
(Que tiene siempre que hablar, la interrumpe)

    Ayer mismo nos dijo que tú

                     (LUCÍA queda seria.)
tenías en los ojos… ¿Qué dijo?

LUCÍA
(Enfadada)

                 ¿Me dejas

hablar?

              (Hace intención de hacerlo.)

AMPARO
(Rápida)

    ¡Ya me acuerdo! Dijo que en tus ojos
había un constante desfile de pájaros.

       *(Le coge la cabeza por la barbilla y le mira
       los ojos.)*

Un temblor divino, como de agua clara,
sorprendida siempre bajo el arrayán,
o temblor de luna sobre una pecera
donde un pez de plata finge rojo sueño.

LUCÍA
(Sacudiendo a MARIANA)

¡Mira! Lo segundo son inventos de ella.

(Ríe.)

AMPARO

¡Lucía, eso dijo!

MARIANA

                    ¡Qué bien me causáis
con vuestra alegría de niñas pequeñas!
La misma alegría que debe sentir
el gran girasol, al amanecer,
cuando sobre el tallo de la noche vea
abrirse el dorado girasol del cielo.
                         (Les coge las manos.)
La misma alegría que la viejecilla
siente cuando el sol se duerme en sus manos
y ella lo acaricia creyendo que nunca
la noche y el frío cercarán su casa.

LUCÍA
¡Te encuentro muy triste!

AMPARO
¿Qué tienes?
                    (Entra CLAVELA.)

MARIANA
(Levantándose rápidamente)

¡Clavela!

¿Llegó? ¡Di!

CLAVELA
(Triste)

¡Señora, no ha venido nadie!

(Cruza la escena y se va.)

LUCÍA

Si esperas visita, nos vamos.

AMPARO

Lo dices,

y salimos.

MARIANA
(Nerviosa)

¡Niñas, tendré que enfadarme!

AMPARO

No me has preguntado por mi estancia en Ronda.

MARIANA

Es verdad que fuiste; ¿y has vuelto contenta?

AMPARO

Mucho. Todo el día baila que te baila.

(MARIANA está inquieta, y, llena de angustia, mira a las puertas y se distrae.)

LUCÍA
(Seria)

Vámonos, Amparo.

MARIANA
(Inquieta por algo que ocurre fuera de la escena)

¡Cuéntame! Si vieras
cómo necesito de tu fresca risa,
cómo necesito de tu gracia joven.
Mi alma tiene el mismo color del vestido.

(MARIANA *sigue de pie.*)

AMPARO

Qué cosas tan lindas dices, Marianilla.

LUCÍA

¿Quieres que te traiga una novela?

AMPARO

Tráele
la plaza de toros de la ilustre Ronda.
(Ríen. Se levanta y se dirige a MARIANA.)
¡Siéntate!

(MARIANA *se sienta y la besa.*)

MARIANA
(Resignada)

¿Estuviste en los toros?

LUCÍA

¡Estuvo!

Amparo

En la corrida más grande
que se vio en Ronda la vieja.
Cinco toros de azabache,
con divisa verde y negra.
Yo pensaba siempre en ti;
yo pensaba: si estuviera
conmigo mi triste amiga,
mi Marianita Pineda.
Las niñas venían gritando
sobre pintadas calesas
con abanicos redondos
bordados de lentejuelas.
Y los jóvenes de Ronda
sobre jacas pintureras,
los anchos sombreros grises
calados hasta las cejas.
La plaza, con el gentío
(calañés y altas peinetas)
giraba como un zodíaco
de risas blancas y negras.
Y cuando el gran Cayetano
cruzó la pajiza arena
con traje color manzana,
bordado de plata y seda,
destacándose gallardo
entre la gente de brega
frente a los toros zaínos
que España cría en su tierra,
parecía que la tarde
se ponía más morena.
¡Si hubieras visto con qué
gracia movía las piernas!
¡Qué gran equilibrio el suyo
con la capa y la muleta!
Ni Pepe-Hillo ni nadie
toreó como él torea.

Cinco toros mató; cinco,
con divisa verde y negra.
En la punta de su estoque
cinco flores dejó abiertas,
y a cada instante rozaba
los hocicos de las fieras,
como una gran mariposa
de oro con alas bermejas.
La plaza, al par que la tarde,
vibraba fuerte, violenta,
y entre el olor de la sangre
iba el olor de la sierra.
Yo pensaba siempre en ti;
yo pensaba: si estuviera
conmigo mi triste amiga,
mi Marianita Pineda.

. . . .

MARIANA

(Emocionada y levantándose)

¡Yo te querré siempre a ti
tanto como tú me quieras!

LUCÍA
(Se levanta)

Nos retiramos; si sigues
escuchando a esta torera,
hay corrida para rato.

AMPARO

Y dime: ¿estás más contenta?;
porque este cuello, ¡oh, qué cuello!,

                              (La besa en el cuello.)

no se hizo para la pena.

LUCÍA
(En la ventana)

Hay nubes por Parapanda.
Lloverá, aunque Dios no quiera.

AMPARO

¡Este invierno va a ser de agua!
¡No podré lucir!

LUCÍA

¡Coqueta!

AMPARO

¡Adiós, Mariana!

MARIANA

¡Adiós, niñas!

(Se besan.)

AMPARO

¡Que te pongas más contenta!

MARIANA

Tardecillo es. ¿Queréis
que os acompañe Clavela?

AMPARO

¡Gracias! Pronto volveremos.

LUCÍA

¡No bajes, no!

MARIANA

¡Hasta la vuelta!

(Salen.)

ESCENA V

MARIANA *atraviesa rápidamente la escena y mira la
hora en uno de esos grandes relojes dorados, donde
sueña toda la poesía exquisita de la hora y el siglo. Se
asoma a los cristales y ve la última luz de la tarde.*

MARIANA

Si toda la tarde fuera
como un gran pájaro, ¡cuántas
duras flechas lanzaría
para cerrarle las alas!
Hora redonda y oscura
que me pesa en las pestañas.
Dolor de viejo lucero
detenido en mi garganta.
Ya debieran las estrellas
asomarse a mi ventana
y abrirse lentos los pasos
por la calle solitaria.
¡Con qué trabajo tan grande
deja la luz a Granada!
Se enreda entre los cipreses
o se esconde bajo el agua.
¡Y esta noche que no llega!

(Con angustia.)

¡Noche temida y soñada;
que me hieres ya de lejos
con larguísimas espadas!

FERNANDO
(En la puerta)

Buenas tardes.

MARIANA
(Asustada)

¿Qué?

(Reponiéndose.)

¡Fernando!

FERNANDO

¿Te asusto?

MARIANA

No te esperaba

(Reponiéndose.)

y tu voz me sorprendió.

FERNANDO

¿Se han ido ya mis hermanas?

MARIANA

Ahora mismo. Se olvidaron
de que vendrías a buscarlas.

> (FERNANDO *viste elegantemente la moda de
> la época. Mira y habla apasionadamente.
> Tiene dieciocho años. A veces le temblará la
> voz y se turbará a menudo.)*

FERNANDO

¿Interrumpo?

MARIANA

Siéntate.

(Se sientan.)

FERNANDO
(Lírico)

¡Cómo me gusta tu casa!
Con este olor a membrillos.

(Aspira.)

Y qué preciosa fachada
tienes…, llena de pinturas
de barcos y de guirnaldas.

MARIANA
(Interrumpiéndole)

¿Hay mucha gente en la calle?

(Inquieta.)

FERNANDO
(Sonríe)

¿Por qué preguntas?

MARIANA
(Turbada)

Por nada.

FERNANDO

Pues hay mucha gente.

MARIANA
(Impaciente)

¿Dices?

FERNANDO

Al pasar por Bibarrambla
he visto dos o tres grupos
de gente envuelta en sus capas,
que aguantando el airecillo
a pie firme comentaban
el suceso.

MARIANA
(Ansiosamente)

¿Qué suceso?

FERNANDO

¿Sospechas de qué se trata?

MARIANA

¿Cosas de masonería?

FERNANDO

Un capitán que se llama...
                    (MARIANA *está como en vilo.*)
no recuerdo..., liberal,
prisionero de importancia,
se ha fugado de la cárcel
de la Audiencia.
                         (Viendo a MARIANA.)
            ¿Qué te pasa?

MARIANA

Ruego a Dios por él. ¿Se sabe
si le buscan?

FERNANDO

Ya marchaban,
antes de venir yo aquí,
un grupo de tropas hacia
el Genil y sus puentes
para ver si lo encontraban,
y es fácil que lo detengan
camino de la Alpujarra.
¡Qué triste es esto!

MARIANA
(Llena de angustia)

¡Dios mío!

FERNANDO

Y las gentes cómo aguantan.
Señores, ya es demasiado.
El preso, como un fantasma,
se escapó; pero Pedrosa
ya buscará su garganta.
Pedrosa conoce el sitio
donde la vena es más ancha,
por donde brota la sangre
más caliente y encarnada.
¡Qué chacal! ¿Tú le conoces?

(La luz se va retirando de la escena.)

MARIANA

Desde que llegó a Granada.

FERNANDO
(Sonriendo)

¡Bravo amigo, Marianita!

MARIANA

Le conocí por desgracia.
Él está amable conmigo
y hasta viene por mi casa,
sin que yo pueda evitarlo.
¿Quién le impediría la entrada?

FERNANDO

Ojo, que es un viejo verde.

MARIANA

Es un hombre que me espanta.

FERNANDO

¡Qué gran alcalde del crimen!

MARIANA

¡No puedo mirar su cara!

FERNANDO
(Serio)

¿Te da mucho miedo?

MARIANA

¡Mucho!
Ayer tarde yo bajaba
por el Zacatín. Volvía
de la iglesia de Santa Ana,
tranquila; pero de pronto
vi a Pedrosa. Se acercaba,
seguido de dos golillas,

entre un grupo de gitanas.
¡Con un aire y un silencio!...
¡Él notó que yo temblaba!

> *(La escena está en una dulce penumbra.)*

FERNANDO

¡Bien supo el rey lo que se hizo
al mandarlo aquí a Granada!

MARIANA
(Levantándose)

Ya es noche. ¡Clavela! ¡Luces!

FERNANDO

Ahora los ríos sobre España,
en vez de ser ríos son
largas cadenas de agua.

MARIANA

Por eso hay que mantener
la cabeza levantada.

CLAVELA
(Entrando con dos candelabros)

¡Señora, las luces!

MARIANA
(Palidísima y en acecho)

¡Déjalas!

> *(Llaman fuertemente a la puerta.)*

CLAVELA

¡Están llamando!

(Coloca las luces.)

FERNANDO
(Al ver a MARIANA *descompuesta)*

¡Mariana!
¿Por qué tiemblas de ese modo?

MARIANA
(A CLAVELA, *gritando en voz baja)*

¡Abre pronto, por Dios, anda!

(Sale CLAVELA *corriendo.* MARIANA *queda en actitud expectante junto a la puerta, y* FERNANDO, *de pie.)*

ESCENA VI

FERNANDO

Sentiría en el alma ser molesto...
Marianita, ¿qué tienes?

MARIANA
(Angustiada exquisitamente)

Esperando,
los segundos se alargan de manera
irresistible.

FERNANDO
(Inquieto)

¿Bajo yo?

MARIANA

Un caballo
se aleja por la calle. ¿Tú lo sientes?

FERNANDO

Hacia la vega corre.

(Pausa.)

MARIANA

Ya ha cerrado
el postigo Clavela.

FERNANDO

¿Quién será?

MARIANA
(Turbada y reprimiendo una honda angustia)

¡Yo no lo sé!

(Aparte.)

¡Ni siquiera pensarlo!

CLAVELA
(Entrando)

Una carta señora.

(MARIANA *coge la carta ávidamente.)*

FERNANDO
(Aparte)

¡Qué será!

MARIANA

Me la entregó un jinete. Iba embozado
hasta los ojos. Tuve mucho miedo.

Soltó las bridas y se fue volando
hacia lo oscuro de la plazoleta.

FERNANDO

Desde aquí lo sentimos.

MARIANA

¿Le has hablado?

CLAVELA

Ni yo le dije nada, ni él a mí.
Lo mejor es callar en estos casos.

> (FERNANDO *cepilla el sombrero con su
> manga, tiene el semblante inquieto.*)

MARIANA
(Con la carta)

¡No la quisiera abrir! ¡Ay, quién pudiera
en esta realidad estar soñando!
¡Señor, no me quitéis lo que más quiero!

> *(Rasga la carta y lee.)*

FERNANDO
(A CLAVELA, ansiosamente)

Estoy confuso. ¡Esto es tan extraño!
Tú sabes lo que tiene. ¿Qué le ocurre?

CLAVELA

Ya le he dicho que no lo sé.

FERNANDO
(Discreto)

Me callo.

Pero...

CLAVELA
(Continuando la frase)

¡Pobre doña Mariana mía!

MARIANA
(Agitada)

¡Acércame, Clavela, el candelabro!

(CLAVELA *se lo acerca corriendo.* FERNAN-
DO *cuelga lentamente la capa sobre sus hom-
bros.)*

CLAVELA
(A MARIANA)

¡Dios nos guarde, señora de mi vida!

FERNANDO
(Azorado e inquieto)

Con tu permiso...

MARIANA
(Queriendo reponerse)

¿Ya te vas?

FERNANDO

Me marcho;
voy al café de la Estrella.

MARIANA
(Tierna y suplicante)

Perdona
estas inquietudes...

FERNANDO
(Digno)

¿Necesitas algo?

MARIANA
(Conteniéndose)

Gracias... Son asuntos familiares hondos,
y tengo yo misma que solucionarlos.

FERNANDO

Yo quisiera verte contenta. Diré
a mis hermanillas que vengan un rato,
y ojalá pudiera prestarte mi ayuda.
Adiós, que descanses.

(Le estrecha la mano.)

MARIANA

Adiós.

FERNANDO
(A CLAVELA)

Buenas noches.

CLAVELA

Salga, que yo le acompaño.

(Se van.)

MARIANA
*(En el momento de salir FERNANDO, da rienda
suelta a su angustia)*

¡Pedro de mi vida! ¿Pero quién irá?
Ya cercan mi casa los días amargos.
Y este corazón, ¿adónde me lleva,
que hasta de mis hijos me estoy olvidando?
¡Tiene que ser pronto y no tengo a nadie!
¡Yo misma me asombro de quererle tanto!
¿Y si le dijese... y él lo comprendiera?
¡Señor, por la llaga de vuestro costado!

(Sollozando.)

Por las clavellinas de su dulce sangre,
enturbia la noche para los soldados.

(En un arranque, viendo el reloj.)

¡Es preciso! ¡Tengo que atreverme a todo!

(Sale corriendo hacia la puerta.)

¡Fernando!

CLAVELA
(Que entra)

¡En la calle, señora!

MARIANA
(Asomándose rápidamente a la ventana)

¡Fernando!

CLAVELA
(Con las manos cruzadas)

¡Ay, doña Mariana, qué malita está!
Desde que usted puso sus preciosas manos
en esa bandera de los liberales,
aquellos colores de flor de granado
desaparecieron de su cara.

MARIANA
(Reponiéndose)

Abre,
y respeta y ama lo que estoy bordando.

CLAVELA
(Saliendo)

Dios dirá; los tiempos cambian con el tiempo.
Dios dirá. ¡Paciencia!

(Sale.)

MARIANA

Tengo, sin embargo,
que estar muy serena, muy serena; aunque
me siento vestida de temblor y llanto.

ESCENA VII

Aparece en la puerta FERNANDO, *con el alto sombre-*
ro de cintas entre sus manos enguantadas. Le precede
CLAVELA.

FERNANDO
(Entrando, apasionado)

¿Qué quieres?

MARIANA
(Firme)

Hablar contigo.

(A CLAVELA.*)*

Puedes irte.

CLAVELA
(Marchándose, resignada)

¡Hasta mañana!
(Se va, turbada, mirando con ternura y tris-
teza a su señora. Pausa.)

FERNANDO

Dime, pronto.

MARIANA

¿Eres mi amigo?

FERNANDO

¿Por qué preguntas, Mariana?
(MARIANA se sienta en una silla, de perfil al
público, y FERNANDO junto a ella, un poco
de frente, componiendo una clásica estampa
de la época.)

¡Ya sabes que siempre fui!

MARIANA

¿De corazón?

FERNANDO

¡Soy sincero!

MARIANA

¡Ojalá que fuese así!

FERNANDO

Hablas con un caballero.
(Poniéndose la mano sobre la blanca pechera.)

MARIANA
(Segura)

¡Lo sé!

FERNANDO

¿Qué quieres de mí?

MARIANA

Quizá quiera demasiado
y por eso no me atrevo.

FERNANDO

No quieras ver disgustado
este corazón tan nuevo.
Te sirvo con alegría.

MARIANA
(Temblorosa)

Fernando, ¿y si fuera...?

FERNANDO
(Ansiosamente)

¿Qué?

MARIANA

Algo peligroso.

FERNANDO
(Decidido)

Iría.
Con toda mi buena fe.

MARIANA

¡No puedo pedirte nada!
Pero esto no puede ser.
Como dicen por Granada,
¡soy una loca mujer!

FERNANDO
(Tierno)

Marianita.

MARIANA

¡Yo no puedo!

FERNANDO

¿Por qué me llamaste? ¿Di?

MARIANA
(En un arranque trágico)

Porque tengo mucho miedo,
de morirme sola aquí.

FERNANDO

¿De morirte?

MARIANA
(Tierna y desesperada)

Necesito,
para seguir respirando,
que tú me ayudes, mocito.

FERNANDO
(Lleno de pasión)

Mis ojos te están mirando,
y no lo debes dudar.

MARIANA

Pero mi vida está fuera,
por el aire, por la mar,
por donde yo no quisiera.

FERNANDO

¡Dichosa la sangre mía
si puede calmar tu pena!

MARIANA

No; tu sangre aumentaría
el grosor de mi cadena.

> *(Se lleva decidida las manos al pecho para sacar la carta.* FERNANDO *tiene una actitud expectante y conmovida.)*

¡Confío en tu corazón!

> *(Saca la carta. Duda.)*

¡Qué silencio el de Granada!
Fija, detrás del balcón,
hay puesta en mí una mirada.

FERNANDO
(Extrañado)

¿Qué estás hablando?

MARIANA

Me mira

> *(Levantándose.)*

la garganta, que es hermosa,
y toda mi piel se estira.
¿Podrás conmigo, Pedrosa?

> *(En un arranque.)*

Toma esta carta, Fernando.
Lee despacio y entendiendo.
¡Sálvame! Que estoy dudando
si podré seguir viviendo.

(FERNANDO *coge la carta y la desdobla. En*
este momento, el reloj da las ocho lentamen-
te. Las luces topacio y amatista de las velas
hacen temblar líricamente la habitación.
MARIANA *pasea la escena y mira angustiada*
al joven. Éste lee el comienzo de la carta y
tiene un exquisito, pero contenido, gesto de
dolor y desaliento. Pausa, en la que se oye el
reloj y se siente la angustia de MARIANITA.)

FERNANDO
(Leyendo la carta, con sorpresa, y mirando
asombrado y triste a MARIANA)

«Adorada Marianita.»

MARIANA

No interrumpas la lectura.
Un corazón necesita
lo que pide en la escritura.

FERNANDO
(Leyendo, desalentado, aunque sin afectación)

«Adorada Marianita: Gracias al traje de capuchino,
que tan diestramente hiciste llegar a mi poder, me he
fugado de la torre de Santa Catalina, confundido con
otros frailes, que salían de asistir a un reo de muerte.
Esta noche, disfrazado de contrabandista, tengo absoluta necesidad de salir para Válor y Cadiar, donde espero tener noticias de los amigos. Necesito antes de las
nueve el pasaporte que tienes en tu poder y una perso-

na de tu absoluta confianza que espere con un caballo,
más arriba de la presa del Genil, para, río adelante,
internarme en la sierra. Pedrosa estrechará el cerco
como él sabe, y si esta misma noche no parto, estoy
irremisiblemente perdido. Me encuentro en la casa del
viejo don Luis, que no lo sepa nadie de tu familia. No
hagas por verme, pues me consta que estás vigilada.
Adiós, Mariana. Todo sea por nuestra divina madre la
libertad. Dios me salvará. Adiós, Mariana. Un abrazo
y el alma de tu amante.—*Pedro de Sotomayor.*»

(Enamoradísimo.)

¡Mariana!

MARIANA
(Rápida, llevándose una mano a los ojos)

¡Me lo imagino!
Pero silencio, Fernando.

FERNANDO
(Dramático)

¡Cómo has cortado el camino
de lo que estaba soñando!

(MARIANA protesta mímicamente.)

No es tuya la culpa, no;
ahora tengo que ayudar
a un hombre que empiezo a odiar,
y el que te quiere soy yo.
El que de niño te amara
lleno de amarga pasión.
Mucho antes de que robara
don Pedro tu corazón.
¡Pero quién te deja en esta
triste angustia del momento!
Y torcer mi sentimiento
¡ay qué trabajo me cuesta!

MARIANA
(Orgullosa)

¡Pues iré sola!

(Humilde.)

¡Dios mío,
tiene que ser al instante!

FERNANDO

Yo iré en busca de tu amante
por la ribera del río.

MARIANA
(Orgullosa y corrigiendo la timidez y tristeza de FER-
NANDO *al decir «amante»)*

Decirte cómo le quiero
no me produce rubor.
Me escuece dentro su amor
y relumbra todo entero.
Él ama la libertad
y yo la quiero más que él.
Lo que dice es mi verdad
agria, que me sabe a miel.
Y no me importa que el día
con la noche se enturbiara,
que con la luz que emanara
su espíritu viviría.
Por este amor verdadero
que muerde mi alma sencilla
me estoy poniendo amarilla
como la flor del romero.

FERNANDO
(Fuerte)

Mariana, dejo que vuelen
tus quejas. Mas ¿no has oído

que el corazón tengo herido
y las heridas me duelen?

MARIANA
(Popular)

Pues si mi pecho tuviera
vidrieritas de cristal,
te asomaras y lo vieras
gotas de sangre llorar.

FERNANDO

¡Basta! ¡Dame el documento!
            (MARIANA *va a una cómoda rápidamente.)*
¿Y el caballo?

MARIANA
(Sacando los papeles)

En el jardín.
Si vas a marchar, al fin,
no hay que perder un momento.

FERNANDO
(Rápido y nervioso)

Ahora mismo.
                    (MARIANA *le da los papeles.)*
        ¿Y aquí va?...

MARIANA
(Desazonada)

Todo.

FERNANDO
(Guardándose el documento en la levita)

¡Bien!

MARIANA

¡Perdón, amigo!
Que el Señor vaya contigo.
Yo espero que así sea.

FERNANDO
(Natural, digno y suave, poniéndose lentamente la capa)

Yo espero que así será.
Está la noche cerrada.
No hay luna, y aunque la hubiera,
los chopos de la ribera
dan una sombra apretada.
Adiós.
(Le besa la mano.)

Y seca ese llanto,
pero quédate sabiendo
que nadie te querrá tanto
como yo te estoy queriendo.
Que voy con esta misión
para no verte sufrir,
torciendo el hondo sentir
de mi propio corazón.

(Inicia el mutis.)

MARIANA

Evita guarda o soldado...

FERNANDO
(Mirándola con ternura)

Por aquel sitio no hay gente.
Puedo marchar descuidado.
(Amargamente irónico.)

¿Qué quieres más?

MARIANA
(Turbada y balbuciente)

Sé prudente.

FERNANDO
(En la puerta, poniéndose el sombrero)

Ya tengo el alma cautiva;
desecha todo temor.
Prisionero soy de amor,
y lo seré mientras viva.

MARIANA

Adiós.

> *(Coge el candelero.)*

FERNANDO

No salgas, Mariana.
El tiempo corre, y yo quiero
pasar el puente primero
que don Pedro. Hasta mañana.

> *(Salen.)*

ESCENA VIII

La escena queda solitaria medio segundo. Apenas han salido MARIANA y FERNANDO por una puerta, cuando aparece DOÑA ANGUSTIAS por la de enfrente, con un candelabro. El fino y otoñal perfume de los membrillos invade el ambiente.

ANGUSTIAS

Niña, ¿dónde estás? ¡Niña!
Pero, señor, ¿qué es esto?
¿Dónde estabas?

MARIANA
(Entrando con un candelabro)

           Salía
con Fernando...

ANGUSTIAS

      ¡Qué juego
inventaron los niños!
Regáñales.

MARIANA
(Dejando el candelabro)

    ¿Qué hicieron?

ANGUSTIAS

¡Mariana, la bandera
que bordas en secreto...

MARIANA
(Interrumpiendo, dramáticamente)

¿Qué dices?

ANGUSTIAS

      ... han hallado
en el armario viejo
y se han tendido en ella
fingiéndose los muertos!
Tilín, talán; abuela,
dile al curita nuestro
que traiga banderolas
y flores de romero;
que traigan encarnadas
clavellinas del huerto.

Ya vienen los obispos,
decían *uri memento,*
y cerraban los ojos
poniéndose muy serios.
Serán cosas de niños;
está bien. Mas yo vengo
muy mal impresionada,
y me da mucho miedo
la dichosa bandera.

MARIANA
(Aterrada)

¿Pero cómo la vieron?
¡Estaba bien oculta!

ANGUSTIAS

Mariana, ¡triste tiempo
para esta antigua casa,
que derrumbarse veo,
sin un hombre, sin nadie,
en medio del silencio!
Y luego, tú...

MARIANA
(Desorientada y con aire trágico)

¡Por Dios!

ANGUSTIAS

Mariana, ¿tú qué has hecho?
Cercar estas paredes
de guardianes secretos.

MARIANA

Tengo el corazón loco
y no sé lo que quiero.

ANGUSTIAS

¡Olvídalo, Mariana!

MARIANA
(Con pasión)

¡Olvidarlo no puedo!

(Se oyen risas de niños.)

ANGUSTIAS
(Haciendo señas para que MARIANA *calle)*

Los niños.

MARIANA

Vamos pronto.
¿Cómo alcanzaron eso?

ANGUSTIAS

Así pasan las cosas.
¡Mariana, piensa en ellos!

(Coge un candelabro.)

MARIANA

Sí, sí; tienes razón.
Tienes razón. ¡No pienso!

(Salen.)

Telón.

ESTAMPA SEGUNDA

Sala principal en la casa de MARIANA. *Entonación en grises, blancos y marfiles, como una antigua litografía. Estrado blanco, a estilo Imperio. Al fondo, una puerta con una cortina gris, y puertas laterales. Hay una consola con urna y grandes ramos de flores de seda. En el centro de la habitación, un pianoforte y candelabros de cristal. Es de noche. Están en escena la* CLAVELA *y los* NIÑOS DE MARIANA. *Visten la deliciosa moda infantil de la época. La* CLAVELA *está sentada, y a los lados, en taburetes, los niños. La estancia es limpia y modesta, aunque conservando ciertos muebles de lujo heredados por* MARIANA.

ESCENA I

CLAVELA

No cuento más.

(Se levanta.)

NIÑO
(Tirándole del vestido)

Cuéntanos otra cosa.

CLAVELA

¡Me romperás el vestido!

NIÑA
(Tirando)

Es muy malo.

CLAVELA
(Echándoselo en cara)

Tu madre lo compró.

NIÑO
(Riendo y tirando del vestido para que se siente)

¡Clavela!

CLAVELA
(Sentándose a la fuerza y riendo también)

¡Niños!

NIÑA

El cuento aquel del príncipe gitano.

CLAVELA

Los gitanos no fueron nunca príncipes.

NIÑA

¿Y por qué?

NIÑO

No los quiero a mi lado.
Sus madres son las brujas.

NIÑA
(Enérgica)

¡Embustero!

CLAVELA
(Reprendiéndola)

¡Pero niña!

NIÑA

Si ayer vi yo rezando
al Cristo de la Puerta Real dos de ellos.
Tenían unas tijeras así... y cuatro
borriquitos peludos que miraban...
con unos ojos... y movían los rabos
dale que le das. ¡Quién tuviera alguno!

NIÑO
(Doctoral)

Seguramente los habían robado.

CLAVELA

Ni tanto ni tan poco. ¿Qué se sabe?
        (Los NIÑOS *se hacen burla sacando la lengua.)*
¡Chitón!

NIÑO

¿Y el romancillo del bordado?

NIÑA

¡Ay duque de Lucena! ¿Cómo dice?

NIÑO

Olivarito, olivo..., está bordado.

(Como recordando.)

CLAVELA

Os lo diré; pero cuando se acabe,
en seguida a dormir.

NIÑO

Bueno.

NIÑA

¡Enterados!

CLAVELA
(Se persigna lentamente, y los NIÑOS
la imitan mirándola)

Bendita sea por siempre
la Santísima Trinidad,
y guarde al hombre en la sierra
y al marinero en el mar.
A la verde, verde orilla
del olivarito está...

NIÑA
(Tapando con una mano la boca a CLAVELA
y continuando ella)

Una niña bordando.
¡Madre! ¿Qué bordará?

CLAVELA
(Encantada de que la NIÑA *lo sepa)*

Las agujas de plata,
bastidor de cristal,

bordaba una bandera,
cantar que te cantar.
Por el olivo, olivo,
¡madre, quién lo dirá!

NIÑO
(Continuando)

Venía un andaluz,
bien plantado y galán.

> (Aparece por la puerta del fondo MARIANA,
> vestida de amarillo claro, un amarillo de
> libro viejo, y oye el romance, glosando
> con gestos lo que en ella evoca la idea de
> bandera y muerte.)

CLAVELA

Niña, la bordadora,
mi vida, ¡no bordar!,
que el duque de Lucena
duerme y dormirá.

NIÑA

La niña le responde:
«No dices la verdad:
el duque de Lucena
me ha mandado bordar
esta roja bandera
porque a la guerra va.»

NIÑO

Por las calles de Córdoba
lo llevan a enterrar,
muy vestido de fraile
en caja de coral.

NIÑA
(Como soñando)

La albahaca y los claveles
sobre la caja van,
y un verderol antiguo
cantando el pío pa.

CLAVELA
(Con sentimiento)

¡Ay duque de Lucena,
ya no te veré más!
La bandera que bordo
de nada servirá.
En el olivarito
me quedaré a mirar
cómo el aire menea
las hojas al pasar.

NIÑO

Adiós, niña bonita,
espigada y juncal,
me voy para Sevilla,
donde soy capitán.

CLAVELA

Y a la verde, verde orilla
del olivarito está
una niña morena
llorar que te llorar.

> *(Los* NIÑOS *hacen un gesto de satisfacción.
> Han seguido el romance con alto interés.)*

ESCENA II

MARIANA
(Avanzando)

Es hora de acostarse.

CLAVELA
(Levantándose y a los niños)

¿Habéis oído?

NIÑA
(Besando a MARIANA)

Mamá, acuéstanos tú.

MARIANA

Hija, no puedo,
yo tengo que coserte una capita.

NIÑO

¿Y para mí?

CLAVELA
(Riendo)

¡Pues claro está!

MARIANA

Un sombrero
con una cinta verde y dos naranja.

(Lo besa.)

CLAVELA

¡A la costa, mis niños!

NIÑO
(Volviendo)

Yo lo quiero
como los hombres: alto y grande, ¿sabes?

MARIANA

¡Lo tendrás, primor mío!

NIÑA

Y entra luego;
me gustará sentirte, que esta noche
no se ve nada y hace mucho viento.

MARIANA
(Bajo, a CLAVELA)

Cuando acabes, te bajas a la puerta.

CLAVELA

Pronto será; los niños tienen sueño.

MARIANA

¡Que recéis sin reíros!

CLAVELA

¡Sí, señora!

MARIANA
(En la puerta)

Una salve a la Virgen y dos credos
al Santo Cristo del Mayor Dolor,
para que nos protejan.

NIÑA

Rezaremos
la oración de San Juan y la que ruega
por caminantes y por marineros.

(Entran. Pausa.)

ESCENA III

MARIANA
(En la puerta)

Dormir tranquilamente, niños míos,
mientras que yo, perdida y loca, siento

(Lentamente.)

quemarse con su propia lumbre viva
esta rosa de sangre de mi pecho.
Soñar en la verbena y el jardín
de Cartagena, luminoso y fresco,
y en la pájara pinta que se mece
en las ramas del verde limonero.
Que yo también estoy dormida, niños,
y voy volando por mi propio sueño,
como van, sin saber adónde van,
los tenues vilanicos por el viento.

ESCENA IV

Aparece DOÑA ANGUSTIAS *en la puerta y en un aparte*

ANGUSTIAS

Vieja y honrada casa, ¡qué locura!

(A MARIANA.*)*

Tienes una visita.

MARIANA

¿Quién?

ANGUSTIAS

¡Don Pedro!

*(*MARIANA *sale corriendo hacia la puerta.)*

¡Serénate, hija mía! ¡No es tu esposo!

MARIANA

Tienes razón. ¡Pero no puedo!

ESCENA V

MARIANA *llega corriendo a la puerta en el momento en que* DON PEDRO *entra por ella.* DON PEDRO *tiene treinta y seis años. Es un hombre simpático, sereno y fuerte. Viste correctamente y habla de una manera dulce.* MARIANA *le tiende los brazos y le estrecha las manos.* DOÑA ANGUSTIAS *adopta una triste y reservada actitud. Pausa.*

PEDRO

(Efusivo)

Gracias, Mariana, gracias.

MARIANA
(Casi sin hablar)

Cumplí con mi deber.

> *(Durante esta escena dará* MARIANA *muestras de una vehementísima y profunda pasión.)*

PEDRO
(Dirigiéndose a DOÑA ANGUSTIAS)

Muchas gracias, señora.

ANGUSTIAS
(Triste)

¿Y por qué? Buenas noches.

> *(A* MARIANA.)

Yo me voy
con los niños.

> *(Aparte.)*

¡Ay, pobre Marianita!

> *(Sale. Al salir* ANGUSTIAS, PEDRO, *efusivo, enlaza a* MARIANA *por el talle.)*

PEDRO
(Apasionado)

¡Quién pudiera pagarte lo que has hecho por mí!
Toda mi sangre es nueva, porque tú me la has dado
exponiendo tu débil corazón al peligro.
¡Ay, qué miedo tan grande tuve por él, Mariana!

MARIANA
(Cerca y abandonada)

¿De qué sirve mi sangre, Pedro, si tú murieras?
Un pájaro sin aire, ¿puede volar? ¡Entonces!...

(Bajo.)

Yo no podré decirte cómo te quiero nunca;
a tu lado me olvido de todas las palabras.

PEDRO
(Con voz suave)

¡Cuántos peligros corres sin el menor desmayo!
¡Qué sola estás, cercada de maliciosa gente!
¡Quién pudiera librarte de aquellos que te acechan
con mi propio dolor y mi vida, Mariana!
¡Día y noche, qué largos sin ti por esa sierra!

MARIANA
(Echando la cabeza en el hombro y como soñando)

¡Así! Deja tu aliento sobre mi frente. Limpia
esta angustia que tengo y este sabor amargo;
esta angustia de andar sin saber dónde voy,
y este sabor de amor que me quema la boca.

*(Pausa. Se separa rápidamente del caballero
y le coge los codos.)*

¡Pedro! ¿No te persiguen? ¿Te vieron entrar?

PEDRO

(Se sienta.)

Nadie.

Vives en una calle silenciosa, y la noche
se presenta endiablada.

MARIANA

Yo tengo mucho miedo.

PEDRO
(Cogiéndole una mano)

¡Ven aquí!

MARIANA
(Se sienta)

Mucho miedo de que esto se adivine,
de que pueda matarte la canalla realista.
Y si tú...   *(Con pasión.)*
     yo me muero, lo sabes, yo me muero.

PEDRO
(Con pasión)

¡Marianita, no temas! ¡Mujer mía! ¡Vida mía!
En el mayor sigilo conspiramos. ¡No temas!
La bandera que bordas temblará por las calles
entre el calor entero del pueblo de Granada.
Por ti la Libertad suspirada por todos
pisará tierra dura con anchos pies de plata.
Pero si así no fuese; si Pedrosa...

MARIANA
(Aterrada)

¡No sigas!

PEDRO

... sorprende nuestro grupo y hemos de morir...

MARIANA

¡Calla!

PEDRO

Mariana, ¿qué es el hombre sin libertad? ¿Sin esa
luz armoniosa y fija que se siente por dentro?

¿Cómo podría quererte no siendo libre, dime?
¿Cómo darte este firme corazón si no es mío?
No temas; ya he burlado a Pedrosa en el campo,
y así pienso seguir hasta vencer contigo,
que me ofreces tu amor y tu casa y tus dedos.

MARIANA

¡Y algo que yo no sé decir, pero que existe!
¡Qué bien estoy contigo! Pero aunque alegre noto
un gran desasosiego que me turba y enoja;
me parece que hay hombres detrás de las cortinas,
que mis palabras suenan claramente en la calle.

PEDRO
(Amargo)

¡Eso sí! ¡Qué mortal inquietud, qué amargura!
¡Qué constante pregunta al minuto lejano!
¡Qué otoño interminable sufrí por esa sierra!
¡Tú no lo sabes!

MARIANA

Dime: ¿corriste gran peligro?

PEDRO

Estuve casi en manos de la justicia,
             (MARIANA *hace un gesto de horror.*)
                         pero
me salvó el pasaporte y el caballo que enviaste
con un extraño joven, que no me dijo nada.

MARIANA
(Inquieta y sin querer recordar)

Y dime.

(Pausa.)

PEDRO

¿Por qué tiemblas?

MARIANA
(Nerviosa)

Sigue. ¿Después?

PEDRO

Después
vagué por la Alpujarra. Supe que en Gibraltar
había fiebre amarilla; la entrada era imposible,
y esperé bien oculto la ocasión. ¡Ya ha llegado!
Venceré con tu ayuda, ¡Mariana de mi vida!
¡Libertad, aunque con sangre llame a todas las puertas!

MARIANA
(Radiante)

¡Mi victoria consiste en tenerte a mi vera!
En mirarte los ojos mientras tú no me miras.
Cuando estás a mi lado olvido lo que siento
y quiero a todo el mundo:
hasta al rey y a Pedrosa.
Al bueno como al malo. ¡Pedro!, cuando se quiere
se está fuera del tiempo,
y ya no hay día ni noche, ¡sino tú y yo!

PEDRO
(Abrazándola)

¡Mariana!
Como dos blancos ríos de rubor y silencio,
así enlazan tus brazos mi cuerpo combatido.

MARIANA
(Cogiéndole la cabeza)

Ahora puedo perderte, puedo perder tu vida.
Como la enamorada de un marinero loco
que navegara eterno sobre una barca vieja,
acecho un mar oscuro, sin fondo ni oleaje,
en espera de gentes que te traigan ahogado.

PEDRO

No es hora de pensar en quimeras, que es hora
de abrir el pecho a bellas realidades cercanas
de una España cubierta de espigas y rebaños,
donde la gente coma su pan con alegría,
en medio de estas anchas eternidades nuestras
y esta aguda pasión de horizonte y silencio.
España entierra y pisa su corazón antiguo,
su herido corazón de Península andante,
y hay que salvarla pronto con manos y dientes.

MARIANA
(Pasional)

Y yo soy la primera que lo pide con ansia.
Quiero tener abiertos mis balcones al sol
para que llene el suelo de flores amarillas
y quererte, segura de tu amor sin que nadie
me aceche, como en este decisivo momento.
                                                     (En un arranque.)
¡Pero ya estoy dispuesta!
                                                     (Se levanta.)

PEDRO
(Entusiasmado, se levanta)

                          ¡Así me gusta verte,
hermosa Marianita! Ya no tardarán mucho

los amigos, y alienta
ese rostro bravío y esos ojos ardientes

(Amoroso.)

sobre tu cuello blanco, que tiene luz de luna.

> *(Fuera comienza a llover y se levanta el viento.* MARIANA *hace señas a* PEDRO *de que calle.)*

ESCENA VI

CLAVELA
(Entrando)

Señora... Me parece que han llamado.

> *(*PEDRO *y* MARIANA *adoptan actitudes indiferentes. Dirigiéndose a* DON PEDRO.*)*

¡Don Pedro!

PEDRO
(Sereno)

¡Dios te guarde!

MARIANA

¿Tú sabes quién vendrá?

CLAVELA

Sí, señora; lo sé.

MARIANA

¿La seña?

CLAVELA

No la olvido.

MARIANA

Antes de abrir, que mires
por la mirilla grande.

CLAVELA

Así lo haré, señora.

MARIANA

No enciendas luz ninguna,
pero ten en el patio
un velón prevenido,
y cierra la ventana del jardín.

CLAVELA
(Marchándose)

En seguida.

MARIANA

¿Cuántos vendrán?

PEDRO

Muy pocos.
Pero los que interesan.

MARIANA

¿Noticias?

PEDRO

Las habrá
dentro de unos instantes.

Si, al fin, hemos de alzarnos,
decidiremos.

MARIANA

¡Calla!

*(Hace ademán a DON PEDRO de que se
calle, y queda escuchando. Fuera se oye la
lluvia y el viento.)*

¡Ya están aquí!

PEDRO
(Mirando el reloj)

Puntuales,
como buenos patriotas.
¡Son gente decidida!

MARIANA

¡Dios nos ayude a todos!

PEDRO

¡Ayudará!

MARIANA

¡Debiera,
si mirase a este mundo!

*(MARIANA, corriendo, avanza hasta la
puerta y levanta la gran cortina del fondo.)*

¡Adelante, señores!

ESCENA VII

Entran tres caballeros con amplias capas grises; uno de ellos lleva patillas. MARIANA *y* DON PEDRO *los reciben amablemente. Los caballeros dan la mano a* MARIANA *y a* DON PEDRO.

MARIANA
(Dando la mano al CONSPIRADOR 1.º*)*

¡Ay, qué manos tan frías!

CONSPIRADOR 1.º
(Franco)

                                ¡Hace un frío
que corta! Y me he olvidado de los guantes;
pero aquí se está bien.

MARIANA

¡Llueve de veras!

CONSPIRADOR 3.º
(Decidido)

El Zacatín estaba intransitable.
        (Se quitan las capas, que sacuden de lluvia.)

CONSPIRADOR 2.º
(Melancólico)

La lluvia, como un sauce de cristal,
sobre las casas de Granada cae.

CONSPIRADOR 3.º

Y el Darro viene lleno de agua turbia.

MARIANA

¿Les vieron?

CONSPIRADOR 2.º
(Melancólico. Habla poco y pausadamente)

¡No! Vinimos separados
hasta la entrada de esta oscura calle.

CONSPIRADOR 1.º

¿Habrá noticias para decidir?

PEDRO

Llegarán esta noche, Dios mediante.

MARIANA

Hablen bajo.

CONSPIRADOR 1.º
(Sonriendo)

¿Por qué, doña Mariana?
Toda la gente duerme en este instante.

PEDRO

Creo que estamos seguros.

CONSPIRADOR 3.º

No lo afirmes;
Pedrosa no ha cesado de espiarme,

y aunque yo le despisto sagazmente,
continúa en acecho, y algo sabe.

> *(Unos se sientan y otros quedan de pie, com-*
> *poniendo una bella estampa.)*

MARIANA

Ayer estuvo aquí.
> *(Los caballeros hacen un gesto de extrañeza.)*
>   ¡Como es mi amigo
no quise, porque no debía, negarme!
Hizo un elogio de nuestra ciudad;
pero mientras hablaba, tan amable,
me miraba... no sé... ¡como sabiendo!,
> *(Subrayando.)*
de una manera penetrante.
En una sorda lucha con mis ojos
estuvo aquí toda la tarde,
y Pedrosa es capaz... ¡de lo que sea!

PEDRO

No es posible que pueda figurarse...

MARIANA

Yo no estoy muy tranquila, y os lo digo
para que andemos con cautela grande.
De noche, cuando cierro las ventanas,
imagino que empuja los cristales.

PEDRO
(Mirando el reloj)

Ya son las once y diez. El emisario
debe estar ya muy cerca de esta calle.

CONSPIRADOR 3.º
(Mirando el reloj)

Poco debe tardar.

CONSPIRADOR 1.º

¡Dios lo permita!
¡Que me parece un siglo cada instante!

(Entra CLAVELA *con una bandeja de altas
copas de cristal tallado y un frasco lleno de
vino rojo, que deja sobre el velador.* MA-
RIANA *habla con ella.)*

PEDRO

Estarán sobre aviso los amigos.

CONSPIRADOR 1.º

Enterados están. No falta nadie.
Todo depende de lo que nos digan
esta noche.

PEDRO

La situación es grave,
pero excelente si la aprovechamos.

(Sale CLAVELA, *y* MARIANA *corre la cortina.)*

Hay que estudiar hasta el menor detalle,
porque el pueblo responde, sin dudar.
Andalucía tiene todo el aire
lleno de Libertad. Esta palabra
perfuma el corazón de sus ciudades,
desde las viejas torres amarillas
hasta los troncos de los olivares.
Esa costa de Málaga está llena
de gente decidida a levantarse:

pescadores del Palo, marineros
y caballeros principales.
Nos siguen pueblos como Nerja, Vélez,
que aguardan las noticias, anhelantes.
Hombres de acantilado y mar abierto,
y, por lo tanto, libres como nadie.
Algeciras acecha la ocasión,
y en Granada, señores de linaje
como vosotros exponen su vida
de una manera emocionante.
¡Ay, qué impaciencia tengo!

CONSPIRADOR 3.º

Como todos
los verdaderamente liberales.

MARIANA
(Tímida)

Pero ¿habrá quien os siga?

PEDRO
(Convencido)

Todo el mundo.

MARIANA

¿A pesar de este miedo?

PEDRO
(Seco)

Sí.

MARIANA

No hay nadie

que vaya a la Alameda del Salón
tranquilamente a pasearse,
y el café de la Estrella está desierto.

PEDRO
(Entusiasta)

¡Mariana, la bandera que bordaste
será acatada por el rey Fernando,
mal que le pese a Calomarde!

CONSPIRADOR 3.º

Cuando ya no le quede otro recurso
se rendirá a las huestes liberales,
que aunque se finja desvalido y solo,
no cabe duda que él hace y deshace.

MARIANA

¿No es Fernando un juguete de los suyos?

CONSPIRADOR 3.º

¿No tarda mucho?

PEDRO
(Inquieto)

Yo no sé decirte.

CONSPIRADOR 3.º

¿Si lo habrán detenido?

CONSPIRADOR 1.º

No es probable.
Oscuridad y lluvia le protegen,
y él está siempre vigilante.

MARIANA

Ahora llega.

PEDRO

Y al fin sabremos algo.
          (Se levantan y se dirigen a la puerta.)

CONSPIRADOR 3.º

Bien venido, si buenas cartas trae.

MARIANA
(Apasionada, a PEDRO*)*

Pedro, mira por mí. Sé muy prudente,
que me falta muy poco para ahogarme.

ESCENA VIII

Aparece por la puerta el CONSPIRADOR 4.º *Es un hombre fuerte; campesino rico. Viste el traje popular de la época: sombrero puntiagudo de alas de terciopelo, adornado con borlas de seda; chaqueta con bordados y aplicaduras de paño de todos los colores en los codos, en la bocamanga y en el cuello. El pantalón, de vueltas, sujeto por botones de filigrana, y las polainas, de cuero, abiertas por un costado, dejando ver la pierna. Trae una dulce tristeza varonil. Todos los personajes están de pie cerca de la puerta de entrada.* MARIANA *no oculta su angustia, y mira, ya al recién llegado, ya a* DON PEDRO, *con un aire doliente y escrutador.*

CONSPIRADOR 4.º

¡Caballeros! ¡Doña Mariana!
          (Estrecha la mano de MARIANA.*)*

PEDRO
(Impaciente)

¿Hay noticias?

CONSPIRADOR 4.º

¡Tan malas como el tiempo!

PEDRO

¿Qué ha pasado?

CONSPIRADOR 1.º
(Irritado)

Casi lo adivinaba.

MARIANA
(A PEDRO)

¿Te entristeces?

PEDRO

¿Y las gentes de Cádiz?

CONSPIRADOR 4.º

Todo en vano.
Hay que estar prevenidos. El Gobierno
por todas partes nos está acechando.
Tendremos que aplazar el alzamiento,
o luchar o morir, de lo contrario.

PEDRO
(Desesperado)

Yo no sé qué pensar; que tengo abierta
una herida que sangra en mi costado,
y no puedo esperar, señores míos.

CONSPIRADOR 3.º
(Fuerte)

Don Pedro, triunfaremos esperando.
La situación no puede durar mucho.

CONSPIRADOR 4.º
(Fuerte)

Ahora mismo tenemos que callarnos.
Nadie quiere una muerte sin provecho.

PEDRO
(Fuerte también)

Mucho dolor me cuesta.

MARIANA
(Angustiada)

¡Hablen más bajo!

(Se pasea.)

CONSPIRADOR 4.º

España entera calla, ¡pero vive!
Guarde bien la bandera.

MARIANA

La he mandado
a casa de una vieja amiga mía,
allá en el Albaicín, y estoy temblando.
Quizá estuviera aquí mejor guardada.

PEDRO

¿Y en Málaga?

CONSPIRADOR 4.º

En Málaga, un espanto.
El canalla de González Moreno...
No se puede contar lo que ha pasado.

> (*Expectación vivísima.* MARIANA, *sentada
> en el sofá, junto a* DON PEDRO, *después
> de todo el juego escénico que ha realizado,
> oye anhelante lo que cuenta el* CONSPI-
> RADOR 4.º)

Torrijos, el general
noble, de la frente limpia,
donde se estaban mirando
las gentes de Andalucía,
caballero entre los duques,
corazón de plata fina,
ha sido muerto en las playas
de Málaga la bravía.
Le atrajeron con engaños
que él creyó, por su desdicha,
y se acercó, satisfecho
con sus buques, a la orilla.
¡Malhaya el corazón noble
que de los malos se fía!,
que al poner el pie en la arena
lo prendieron los realistas.
El vizconde de La Barthe,
que mandaba las milicias,
debió cortarse la mano
antes de tal villanía,
como es quitar a Torrijos
bella espada que ceñía,
con el puño de cristal,
adornado con dos cintas.
Muy de noche lo mataron
con toda su compañía.
Caballero entre los duques,
corazón de plata fina.

Grandes nubes se levantan
sobre la tierra de Mijas.
El viento mueve la mar
y los barcos se retiran
con los remos presurosos
y las velas extendidas.
Entre el ruido de las olas
sonó la fusilería,
y muerto quedó en la arena,
sangrando por tres heridas,
el valiente caballero,
con toda su compañía.
La muerte, con ser la muerte,
no deshojó su sonrisa.
Sobre los barcos lloraba
toda la marinería,
y las más bellas mujeres,
enlutadas y afligidas,
lo iban llorando también
por el limonar arriba.

PEDRO
(Levantándose, después de oír el romance)

Cada dificultad me da más bríos.
Señores, a seguir nuestro trabajo.
La muerte de Torrijos me enardece
para seguir luchando.

CONSPIRADOR 1.º

Yo pienso así.

CONSPIRADOR 4.º

Pero hay que estarse quietos;
otro tiempo vendrá.

CONSPIRADOR 2.º
(Conmovido)

¡Tiempo lejano!

PEDRO

Pero mis fuerzas no se agotarán.

MARIANA
(Bajo, a PEDRO*)*

Pedro, mientras yo viva...

CONSPIRADOR 1.º

¿Nos marchamos?

CONSPIRADOR 3.º

No hay nada que tratar. Tienes razón.

CONSPIRADOR 4.º

Esto es lo que tenía que contaros,
y nada más.

CONSPIRADOR 1.º

Hay que ser optimistas.

MARIANA

¿Gustarán de una copa?

CONSPIRADOR 4.º

La aceptamos
porque nos hace falta.

CONSPIRADOR 1.º

¡Buen acuerdo!

(Se ponen de pie y cogen sus copas.)

MARIANA
(Llenando los vasos)

¡Cómo llueve!

(Fuera se oye la lluvia.)

CONSPIRADOR 3.º

¡Don Pedro está apenado!

CONSPIRADOR 4.º

¡Como todos nosotros!

PEDRO

¡Es verdad!
Y tenemos razones para estarlo.

MARIANA

Pero a pesar de esta opresión aguda
y de tener razones para estarlo...

(Levantando la copa.)

«Luna tendida, marinero en pie»,
dicen allá, por el Mediterráneo,
las gentes de veleros y fragatas.
¡Como ellos, hay que estar siempre acechando!

(Como en sueños.)

«Luna tendida, marinero en pie.»

PEDRO
(Con la copa)

Que sean nuestras casas como barcos.

> *(Beben. Pausa. Fuera se oyen aldabonazos
> lejanos. Todos quedan con las copas en la
> mano, en medio de un gran silencio.)*

MARIANA

Es el viento que cierra una ventana.

> *(Otro aldabonazo.)*

PEDRO

¿Oyes, Mariana?

CONSPIRADOR 4.°

¿Quién será?

MARIANA
(Llena de angustia)

¡Dios Santo!

PEDRO
(Acariciador)

¡No temas! Ya verás cómo no es nada.

> *(Todos están con las capas puestas, llenos
> de inquietud.)*

CAVELA
(Entrando casi ahogada)

¡Ay señora! ¡Dos hombres embozados,
y Pedrosa con ellos!

MARIANA
(Gritando, llena de pasión)

¡Pedro, vete!
¡Y todos, Virgen santa! ¡Pronto!

PEDRO
(Confuso)

¡Vamos!

(CLAVELA *quita las copas y apaga los candelabros.)*

CONSPIRADOR 4.º

Es indigno dejarla.

MARIANA
(A PEDRO)

¡Date prisa!

PEDRO

¿Por dónde?

MARIANA
(Loca)

¡Ay! ¿Por dónde?

CLAVELA

¡Están llamando!

MARIANA
(Iluminada)

¡Por aquella ventana del pasillo
saltarás fácilmente! Ese tejado
está cerca del suelo.

CONSPIRADOR 2.º

¡No debemos
dejarla abandonada!

PEDRO
(Enérgico)

¡Es necesario!
¿Cómo justificar nuestra presencia?

MARIANA

Sí, sí, vete en seguida. ¡Ponte a salvo!

PEDRO
(Apasionado)

¡Adiós, Mariana!

MARIANA

¡Dios os guarde, amigos!

*(Van saliendo rápidamente por la puerta de
la derecha.* CLAVELA *está asomada a una
rendija del balcón, que da a la calle.* MA-
RIANA, *en la puerta, dice:)*

¡Pedro..., y todos, que tengáis cuidado!

*(Cierra la puertecilla de la izquierda, por
donde han salido los* CONSPIRADORES, *y
corre la cortina. Luego, dramática:)*

¡Abre, Clavela! Soy una mujer
que va atada a la cola de un caballo.

(Sale CLAVELA. *Se dirige rápidamente al
fortepiano.)*

¡Dios mío, acuérdate de tu pasión
y de las llagas de tus manos!

> *(Se sienta y empieza a cantar la canción del*
> *«Contrabandista», original de Manuel Gar-*
> *cía: 1808.)*

Yo que soy contrabandista
y campo por mis respetos
a todos los desafío,
pues a nadie tengo miedo.
     ¡Ay! ¡Ay!
¡Ay muchachos! ¡Ay muchachas!
¿Quién me compra hilo negro?
Mi caballo está rendido
¡y yo me muero de sueño!
     ¡Ay!
¡Ay! Que la ronda ya viene
y se empezó el tiroteo.
¡Ay! ¡Ay! Caballito mío,
caballo mío careto.
     ¡Ay!
¡Ay! Caballo, ve ligero.
¡Ay! Caballo, que me muero.
     ¡Ay!

> *(Ha de cantar con un admirable y desespera-*
> *do sentimiento, escuchando los pasos de* PE-
> DROSA *por la escalera.)*

ESCENA IX

Las cortinas del fondo se levantan y aparece CLAVELA,
*aterrada, con el candelabro de tres bujías en una mano y
la otra puesta sobre el pecho.* PEDROSA, *vestido de
negro, con capa, llega detrás.* PEDROSA *es un tipo seco,
de una palidez intensa y de una admirable serenidad.
Dirá las frases con ironía muy velada y mirará mi-
nuciosamente a todos lados, pero con corrección. Es
antipático. Hay que huir de la caricatura. Al entrar*
PEDROSA, MARIANA *deja de tocar y se levanta del
fortepiano. Silencio.*

MARIANA

Adelante.

PEDROSA
(Adelantándose)

Señora, no interrumpa
por mí la cancioncilla que ahora mismo
entonaba.

(Pausa.)

MARIANA
(Queriendo sonreír)

La noche estaba triste
y me puse a cantar.

(Pausa.)

PEDROSA

He visto luz
en su balcón y quise visitarla.
Perdone si interrumpo sus quehaceres.

MARIANA

Se lo agradezco mucho.

PEDROSA

¡Qué manera
de llover!

*(Pausa. En esta escena habrá pausas imper-
ceptibles y rotundos silencios instantáneos,
en los cuales luchan desesperadamente las
almas de los dos personajes. Escena delicadísima de matizar, procurando no caer en
exageraciones que perjudiquen su emoción.
En esta escena se ha de notar mucho más lo
que no se dice que lo que se está hablando.
La lluvia, discretamente imitada y sin ruido
excesivo, llegará de cuando en cuando a lle-
nar silencios.)*

MARIANA
(Con intención)

¿Es muy tarde?

(Pausa.)

PEDROSA
(Mirándola fijamente, y con intención también)

¡Sí! Muy tarde.
El reloj de la Audiencia ya hace rato
que dio las once.

MARIANA
(Serena e indicando asiento a PEDROSA*)*

No las he sentido.

PEDROSA
(Sentándose)

Yo las sentí lejanas. Ahora vengo
de recorrer las calles silenciosas,
calado hasta los huesos por la lluvia,
resistiendo ese gris fino y glacial
que viene de la Alhambra.

MARIANA
(Con intención y rehaciéndose)

El aire helado
que clava agujas sobre los pulmones
y para el corazón.

PEDROSA
(Devolviéndole la ironía)

Pues ese mismo.
Cumplo deberes de mi duro cargo.
Mientras que usted, espléndida Mariana,
en su casa, al abrigo de los vientos,
hace encajes... o borda...

(Como recordando.)
¿Quién me ha dicho
que bordaba muy bien?

MARIANA
(Aterrada, pero con cierta serenidad)
¿Es un pecado?

PEDROSA
(Haciendo una seña negativa)

El Rey nuestro Señor, que Dios proteja,
(Se inclina.)
se entretuvo bordando en Valençay
con su tío el infante don Antonio.
Ocupación bellísima.

MARIANA
(Entre dientes)

¡Dios mío!

PEDROSA

¿Le extraña mi visita?

MARIANA
(Tratando de sonreír)

¡No!

PEDROSA
(Serio)

            ¡Mariana!   *(Pausa.)*
Una mujer tan bella como usted,
¿no siente miedo de vivir tan sola?

MARIANA

¿Miedo? ¡Ninguno!

PEDROSA
(Con intención)

            Hay tantos liberales
y tantos anarquistas por Granada,
que la gente no vive muy segura.

                                    (Firme.)

¡Usted ya lo sabrá!

MARIANA
(Digna)

            ¡Señor Pedrosa!
¡Soy mujer de mi casa y nada más!

PEDROSA
(Sonriendo)

Y yo soy juez. Por eso me preocupo
de estas cuestiones. Perdonad, Mariana.
Pero hace ya tres meses que ando loco
sin poder capturar a un cabecilla...

*(Pausa. MARIANA trata de escuchar y juega
con su sortija, conteniendo su angustia y su
indignación.)*

PEDROSA
(Como recordando, con frialdad)

Un tal don Pedro de Sotomayor.

MARIANA

Es probable que esté fuera de España.

PEDROSA

No; yo espero que pronto será mío.

*(Al oír eso MARIANA tiene un ligero desva-
necimiento nervioso; lo suficiente para que
se le escape la sortija de la mano, o más
bien, la arroja ella para evitar la conversa-
ción.)*

MARIANA
(Levantándose)

¡Mi sortija!

PEDROSA

¿Cayó?

(Con intención.)
Tenga cuidado.

MARIANA
(Nerviosa)

Es mi anillo de bodas; no se mueva,
y vaya a pisarlo.

(Busca.)

PEDROSA

Está muy bien.

MARIANA

Parece
que una mano invisible lo arrancó.

PEDROSA

Tenga más calma.

(Frío.)

Mire.

*(Señala el sitio donde ve el anillo, al mismo
tiempo que avanzan.)*

¡Ya está aquí!

*(MARIANA se inclina para recogerlo antes
que PEDROSA; éste queda a su lado, y en el
momento de levantarse MARIANA, la enlaza
rápidamente y la besa.)*

MARIANA
(Dando un grito y retirándose)

¡Pedrosa!

(Pausa. MARIANA rompe a llorar de furor.)

PEDROSA
(Suave)

Grite menos.

MARIANA

¡Virgen Santa!

PEDROSA
(Sentándose)

Me parece que este llanto está de más.
Mi señora Mariana, esté serena.

MARIANA
(Arrancándose desesperada y cogiendo a
PEDROSA *por la solapa)*

¿Qué piensa de mí? ¡Diga!

PEDROSA
(Impasible)

Muchas cosas.

MARIANA

Pues yo sabré vencerlas. ¿Qué pretende?
Sepa que yo no tengo miedo a nadie.
Como el agua que nace soy de limpia,
y me puedo manchar si usted me toca;
pero sé defenderme. ¡Salga pronto!

PEDROSA
(Fuerte y lleno de ira)

¡Silencio!

(Pausa. Frío.)

Quiero ser amigo suyo.
Me debe agradecer esta visita.

MARIANA
(Fiera)

¿Puedo yo permitir que usted me insulte?
¿Que penetre de noche en mi vivienda
para que yo...? ¡Canalla! No sé cómo...

(Se contiene.)

¡Usted quiere perderme!

PEDROSA
(Cálido)

¡Lo contrario!
Vengo a salvarla.

MARIANA
(Bravía)

¡No lo necesito!

(Pausa.)

PEDROSA
*(Fuerte y dominador, acercándose con una agria
sonrisa)*

¡Mariana! ¿Y la bandera?

MARIANA
(Turbada)

¿Qué bandera?

PEDROSA

¡La que bordó con esas manos blancas

(Las coge.)

en contra de las leyes y del Rey!

MARIANA

¿Qué infame le mintió?

PEDROSA
(Indiferente)

¡Muy bien bordada!
De tafetán morado y verdes letras.
Allá en el Albaicín, la recogimos,
y ya está en mi poder como tu vida.
Pero no temas; soy amigo tuyo.

(MARIANA *queda ahogada.*)

MARIANA
(Casi desmayada)

Es mentira, es mentira.

PEDROSA

Sé también
que hay mucha gente complicada.
Espero que dirás sus nombres, ¿verdad?

(Bajando la voz y apasionadamente.)

Nadie sabrá lo que ha pasado. Yo te quiero
mía, ¿lo estás oyendo? Mía o muerta.
Me has despreciado siempre; pero ahora
puedo apretar tu cuello con mis manos,
este cuello de nardo transparente,
y me querrás porque te doy la vida.

MARIANA
*(Tierna y suplicante en medio de su desesperación,
abrazándose a PEDROSA)*

¡Tenga piedad de mí! ¡Si usted supiera!
Y déjeme escapar. Yo guardaré
su recuerdo en las niñas de mis ojos.
¡Pedrosa, por mis hijos!...

PEDROSA
(Abrazándola, sensual)

La bandera
no la has bordado tú, linda Mariana,
y ya eres libre porque así lo quiero...

(MARIANA, *al ver cerca de sus labios los labios de* PEDROSA, *lo rechaza, reaccionando
de una manera salvaje.)*

MARIANA

¡Eso nunca! ¡Primero doy mi sangre!
Que me cueste dolor, pero con honra.
¡Salga de aquí!

PEDROSA
(Reconviniéndola)

¡Mariana!

MARIANA

¡Salga pronto!

PEDROSA
(Frío y reservado)

¡Está muy bien! Yo seguiré el asunto
y usted misma se pierde.

MARIANA

¡Qué me importa!
Yo bordé la bandera con mis manos;
con estas manos, ¡mírelas, Pedrosa!,
y conozco muy grandes caballeros
que izarla pretendían en Granada.
¡Mas no diré sus nombres!

PEDROSA

                    ¡Por la fuerza
delatará! ¡Los hierros duelen mucho,
y una mujer es siempre una mujer!
¡Cuando usted quiera me avisa!

MARIANA

                    ¡Cobarde!
¡Aunque en mi corazón clavaran vidrios
no hablaría!
                              (En un arranque.)
          ¡Pedrosa, aquí me tiene!

PEDROSA

¡Ya veremos!...

MARIANA

          ¡Clavela, el candelabro!

          (Entra CLAVELA, *aterrada, con las manos
          cruzadas sobre el pecho.)*

PEDROSA

No hace falta, señora. Queda usted
detenida en nombre de la ley.

MARIANA

¿En nombre de qué ley?

                    PEDROSA
              (Frío y ceremonioso)

                              ¡Buenas noches!
                                        (Sale.)

CLAVELA
(Dramática)

¡Ay, señora; mi niña, clavelito,
prenda de mis entrañas!

MARIANA
(Llena de angustia y terror)

Isabel,
yo me voy. Dame el chal.

CLAVELA

¡Sálvese pronto!

*(Se asoma a la ventana. Fuera se oye otra
vez la fuerte lluvia.)*

MARIANA

¡Me iré a casa de don Luis! ¡Cuida los niños!

CLAVELA

¡Se han quedado en la puerta! ¡No se puede!

MARIANA

Claro está.

*(Señalando al sitio por donde han salido los
CONSPIRADORES.)*

¡Por aquí!

CLAVELA

¡Es imposible!

*(Al cruzar MARIANA, por la puerta aparece
DOÑA ANGUSTIAS.)*

ANGUSTIAS

¡Mariana! ¿Dónde vas? Tu niña llora.
Tiene miedo del aire y de la lluvia.

MARIANA

¡Estoy presa! ¡Estoy presa, Clavela!

ANGUSTIAS
(Abrazándola)

¡Marianita!

MARIANA
(Arrojándose en el sofá)

¡Ahora empiezo a morir!

(Las dos mujeres la abrazan.)

Mírame y llora. ¡Ahora empiezo a morir!

Telón rápido.

ESTAMPA TERCERA

Convento de Santa María Egipciaca, de Granada. Rasgos árabes. Arcos, cipreses, fuentecillas y arrayanes. Hay unos bancos y unas viejas sillas de cuero. Al levantarse el telón está la escena solitaria. Suenan el órgano y las lejanas voces de las monjas. Por el fondo vienen corriendo de puntillas y mirando a todos lados para que no las vean dos NOVICIAS. *Visten toquitas blancas y trajes azules. Se acercan con mucho sigilo a una puerta de la izquierda y miran por el ojo de la cerradura.*

ESCENA I

NOVICIA 1.ª

¿Qué hace?

NOVICIA 2.ª
(En la cerradura)

¡Habla más bajito!
Está rezando.

NOVICIA 1.ª

¡Deja!

(Se pone a mirar.)

¡Qué blanca está, qué blanca!
Reluce su cabeza
en la sombra del cuarto.

NOVICIA 2.ª

¿Reluce su cabeza?
Yo no comprendo nada.
Es una mujer buena,
y la quieren matar.
¿Tú que dices?

NOVICIA 1.ª

Quisiera
mirar su corazón
largo rato y muy cerca.

NOVICIA 2.ª

¡Qué mujer tan valiente! Cuando ayer
vinieron a leerle la sentencia
de muerte, no ocultó
su sonrisa.

NOVICIA 1.ª

En la iglesia
la vi después llorando
y me pareció que ella
tenía el corazón en la garganta.
¿Qué es lo que ha hecho?

NOVICIA 2.ª

Bordó una bandera.

NOVICIA 1.ª

¿Bordar es malo?

NOVICIA 2.ª

Dicen que es masona.

NOVICIA 1.ª

¿Qué es eso?

NOVICIA 2.ª

Pues… ¡no sé!

NOVICIA 1.ª

¿Por qué está presa?

NOVICIA 2.ª

Porque no quiere al Rey.

NOVICIA 1.ª

¿Qué más da? ¿Se habrá visto?

NOVICIA 2.ª

¡Ni a la reina!

NOVICIA 1.ª

Yo tampoco los quiero.

(Mirando.)

¡Ay Mariana Pineda!

Ya están abriendo flores
que irán contigo muerta.

> *(Aparece por la puerta del foro la* MADRE
> SOR CARMEN BORJA.)

CARMEN

Pero, niñas, ¿qué miráis?

NOVICIA 1.ª
(Asustada)

Hermana...

CARMEN

¿No os da vergüenza?
Ahora mismo, al obrador.
¿Quién os enseñó esa fea
costumbre? ¡Ya nos veremos!

NOVICIA 1.ª

¡Con licencia!

NOVICIA 2.ª

¡Con licencia!

> *(Se van. Cuando la* MADRE CARMEN *se ha*
> *convencido de que las otras se han marcha-*
> *do, se acerca también con sigilo y mira por*
> *el ojo de la llave.)*

CARMEN

¡Es inocente! ¡No hay duda!
¡Calla con una firmeza!
¿Por qué? Yo no me lo explico.   *(Sobresaltada.)*

¡Viene!   *(Sale corriendo.)*

ESCENA II

MARIANA *aparece con un espléndido traje blanco. Está palidísima.*

MARIANA

¡Hermana!

CARMEN
(Volviéndose)

¿Qué desea?

MARIANA

¡Nada!

CARMEN

¡Decidlo, señora!

MARIANA

Pensaba...

CARMEN

¿Qué?

MARIANA

Si pudiera
quedarme aquí, en el Beaterio,
para siempre.

CARMEN

¡Qué contentas
nos pondríamos!

MARIANA

¡No puedo!

CARMEN

¿Por qué?

MARIANA
(Sonriendo)

Porque ya estoy muerta.

CARMEN
(Asustada)

¡Doña Mariana, por Dios!

MARIANA

Pero el mundo se me acerca,
las piedras, el agua, el aire,
¡comprendo que estaba ciega!

CARMEN

¡La indultarán!

MARIANA
(Con sangre fría)

¡Ya veremos!
Este silencio me pesa

mágicamente. Se agranda
como un techo de violetas,

　　　　　　　　　　　　　　　(Apasionada.)

y otras veces finge en mí
una larga cabellera.
¡Ay, qué buen soñar!

CARMEN
(Cogiéndole la mano)

¡Mariana!

MARIANA

¿Cómo soy yo?

CARMEN

Eres muy buena.

MARIANA

Soy una gran pecadora;
pero amé de una manera
que Dios me perdonará
como a Santa Magdalena.

CARMEN

Fuera del mundo y en él
perdona.

MARIANA

¡Si usted supiera!
¡Estoy muy herida, hermana,
por las cosas de la tierra!

CARMEN

Dios está lleno de heridas
de amor, que nunca se cierran.

MARIANA

Nace el que muere sufriendo,
¡comprendo que estaba ciega!

CARMEN
(Apenada al ver el estado de MARIANA)

¡Hasta luego! ¿Asistirá
esta tarde a la novena?

MARIANA

Como siempre. ¡Adiós, hermana!

(Se va CARMEN.)

ESCENA III

MARIANA *se dirige al fondo rápidamente, con todo género de precauciones, y allí aparece* ALEGRITO, *jardine-
ro del convento. Ríe constantemente, con una sonrisa
suave y sana. Viste traje de cazador de la época.*

MARIANA

¡Alegrito! ¿Qué?

ALEGRITO

¡Paciencia
para lo que vais a oír!

MARIANA

¡Habla pronto, no nos vean!
¿Fuiste a casa de don Luis?

ALEGRITO

Y me han dicho que les era
imposible pretender
salvarla. Que ni lo intentan,
porque todos morirían;
pero que harán lo que puedan.

MARIANA
(Valiente)

¡Lo harán todo! ¡Estoy segura!
Son gentes de la nobleza,
y yo soy noble, Alegrito,
¿No ves cómo estoy serena?

ALEGRITO

Hay un miedo que da miedo.
Las calles están desiertas.
Solo el viento viene y va;
pero la gente se encierra.
No encontré más que una niña
llorando sobre la puerta
de la antigua Alcaicería.

MARIANA

¿Crees van a dejar que muera
la que tiene menos culpa?

ALEGRITO

Yo no sé lo que ellos piensan.

MARIANA

¿Y de lo demás?

ALEGRITO
(Turbado)

¡Señora!...

MARIANA

Sigue hablando.

ALEGRITO

No quisiera.

(MARIANA *hace un gesto de impaciencia.*)

El caballero don Pedro
de Sotomayor se aleja
de España, según me han dicho.
Dicen que marcha a Inglaterra.
Don Luis lo sabe de cierto.

MARIANA
*(Sonríe incrédula y dramática, porque en el fondo
sabe que es verdad)*

Quien te lo dijo desea
aumentar mi sufrimiento.
¡Alegrito, no lo creas!
¿Verdad que tú no lo crees?

(Angustiada.)

ALEGRITO
(Turbado)

Señora, lo que usted quiera.

MARIANA

Don Pedro vendrá a caballo
como loco cuando sepa
que yo estoy encarcelada
por bordarle su bandera.
Y, si me matan, vendrá
para morir a mi vera,
que me lo dijo una noche
besándome la cabeza.
Él vendrá como un San Jorge
de diamantes y agua negra,
al aire la deslumbrante
flor de su capa bermeja.
Y porque es noble y modesto,
para que nadie lo vea,
vendrá por la madrugada,
por la madrugada fresca,
cuando sobre el cielo oscuro
brilla el limonar apenas
y el alba finge en las olas
fragatas de sombra y seda.
¿Tú qué sabes? ¡Qué alegría!
No tengo miedo, ¿te enteras?

ALEGRITO

¡Señora!

MARIANA

¿Quién te lo ha dicho?

ALEGRITO

Don Luis.

MARIANA

¿Sabe la sentencia?

ALEGRITO

Dijo que no la creía.

MARIANA
(Angustiada)

Pues es muy verdad.

ALEGRITO

Me apena
darle tan malas noticias.

MARIANA

¡Volverás!

ALEGRITO

Lo que usted quiera.

MARIANA

Volverás para decirles
que yo estoy muy satisfecha
porque sé que vendrán todos,
¡y son muchos!, cuando deban.
¡Dios te lo pague!

ALEGRITO

Hasta luego.

(Sale.)

ESCENA IV

MARIANA
(En voz baja)

Y me quedo sola mientras
que, bajo la acacia en flor
del jardín, mi muerte acecha.

(En voz baja y dirigiéndose al huerto.)

Pero mi vida está aquí.
Mi sangre se agita y tiembla,
como un árbol de coral
con la marejada tierna.
Y aunque tu caballo pone
cuatro lunas en las piedras
y fuego en la verde brisa
débil de la primavera,
¡corre más! ¡Ven a buscarme!
Mira que siento muy cerca
dedos de hueso y de musgo
acariciar mi cabeza.

*(Se dirige al jardín como si hablara con al-
guien.)*

No puedes entrar. ¡No puedes!
¡Ay Pedro! Por ti no entra;
pero sentada en la fuente
toca una blanda vihuela.

*(Se sienta en un banco y apoya la cabeza
sobre sus manos. En el jardín se oye una
guitarra.)*

VOZ

A la vera del agua,
sin que nadie la viera,
se murió mi esperanza.

MARIANA

(Repitiendo exquisitamente la canción)

A la vera del agua,
sin que nadie la viera,
se murió mi esperanza.

> *(Por el foro aparecen dos* MONJAS, *seguidas de* PEDROSA. MARIANA *no los ve.)*

Esta copla está diciendo
lo que saber no quisiera.
Corazón sin esperanza,
¡que se lo trague la tierra!

CARMEN

Aquí está, señor Pedrosa.

MARIANA
(Asustada, levantándose y como saliendo de un sueño)
¿Quién es?

PEDROSA

¡Señora!

> (MARIANA *queda sorprendida y deja escapar una exclamación. Las* MONJAS *inician el mutis.)*

MARIANA
(A las MONJAS)

¿Nos dejan?

CARMEN

Tenemos que trabajar...

> *(Se van. Hay en estos momentos una gran inquietud en escena.* PEDROSA, *frío y correcto, mira intensamente a* MARIANA, *y ésta, melancólica, pero valiente, recoge sus miradas.)*

ESCENA V

PEDROSA *viste de negro, con capa. Su aire frío debe hacerse notar.*

MARIANA

Me lo dio el corazón: ¡Pedrosa!

PEDROSA

                    El mismo
que aguarda, como siempre, sus noticias.
Ya es hora. ¿No os parece?

MARIANA

                    Siempre es hora
de callar y vivir con alegría.

> *(Se sienta en un banco. En este momento, y durante todo el acto,* MARIANA *tendrá un delirio delicadísimo, que estallará al final.)*

PEDROSA

¿Conoce la sentencia?

MARIANA

La conozco.

PEDROSA

¿Y bien?

MARIANA
(Radiante)

Pero yo pienso que es mentira.
Tengo el cuello muy corto para ser
ajusticiada. Ya ve. No podrían.
Además, es hermoso y blanco; nadie
querrá tocarlo.

PEDROSA
(Completando)

¡Mariana!

MARIANA
(Fiera)

Se olvida
que para que yo muera tiene toda
Granada que morir. Y que saldrían
muy grandes caballeros a salvarme,
porque soy noble. Porque yo soy hija
de un capitán de navío, Caballero
de Calatrava. ¡Déjeme tranquila!

PEDROSA

No habrá nadie en Granada que se asome
cuando usted pase con su comitiva.
Los andaluces hablan; pero luego...

MARIANA

Me dejan sola; ¿y qué? Uno vendría
para morir conmigo, y esto basta.
¡Pero vendrá para salvar mi vida!

> *(Sonríe y respira fuertemente, llevándose las
> manos al pecho.)*

PEDROSA
(En un arranque)

Yo no quiero que mueras tú, ¡no quiero!
Ni morirás, porque darás noticias
de la conjuración. Estoy seguro.

MARIANA
(Fiera)

No diré nada, como usted querría,
a pesar de tener un corazón
en el que ya no caben más heridas.
Fuerte y sorda seré a vuestros halagos.
Antes me daban miedo sus pupilas.
Ahora le estoy mirando cara a cara

> *(Se acerca.)*

y puedo con sus ojos que vigilan
el sitio donde guardo este secreto
que por nada del mundo contaría.
¡Soy valiente, Pedrosa, soy valiente!

PEDROSA

Está muy bien.

> *(Pausa.)*

                Ya sabe, con mi firma
puedo borrar la lumbre de sus ojos.
Con una pluma y un poco de tinta
puedo hacerla dormir un largo sueño.

MARIANA
(Elevada)

¡Ojalá fuese pronto por mi dicha!

PEDROSA
(Frío)

Esta tarde vendrán.

MARIANA
(Aterrada y dándose cuenta)

¿Cómo?

PEDROSA

Esta tarde;
ya se ha ordenado que entres en capilla.

MARIANA
(Exaltada y protestando fieramente de su muerte)

¡No puede ser! ¡Cobardes! ¿Y quién manda
dentro de España tales villanías?
¿Qué crimen cometí? ¿Por qué me matan?
¿Dónde está la razón de la Justicia?
En la bandera de la Libertad
bordé el amor más grande de mi vida.
¿Y he de permanecer aquí encerrada?
¡Quién tuviera unas alas cristalinas
para salir volando en busca tuya!

> (PEDROSA *ha visto con satisfacción esta sú-*
> *bita desesperación de* MARIANA *y se dirige a*
> *ella. La luz empieza a tomar el tono del cre-*
> *púsculo.)*

PEDROSA
(Muy cerca de MARIANA)

Hable pronto, que el rey la indultaría.
Mariana, ¿quiénes son los conjurados?
Yo sé que usted de todos es amiga.
Cada segundo aumenta su peligro.
Antes que se haya disipado el día
ya vendrán por la calle a recogerla.
¿Quiénes son? Y sus nombres. ¡Vamos, pronto!
Que no se juega así con la Justicia,
y luego será tarde.

MARIANA
(Fiera)

¡No hablaré!

PEDROSA
(Fiero, cogiéndole las manos)

¿Quiénes son?

MARIANA

Ahora menos lo diría.

(Con desprecio.)
Suelta, Pedrosa; vete. ¡Madre Carmen!

PEDROSA
(Terrible)

¡Quieres morir!

> *(Aparece, llena de miedo, la* MADRE
> CARMEN; *dos* MONJAS *cruzan al fondo
> como dos fantasmas.)*

CARMEN

¿Qué pasa, Marianita?

MARIANA

Nada.

CARMEN

Señor, no es justo…

PEDROSA
*(Frío, sereno y autoritario, dirige una severa mirada
a la monja, e inicia el mutis)*

Buenas tardes.
(A MARIANA.)
Tendré un placer muy grande si me avisa.

CARMEN

¡Es muy buena, señor!

PEDROSA
(Altivo)

No os pregunté.
(Sale, seguido de SOR CARMEN.)

ESCENA VI

MARIANA
*(En el banco, con dramática y tierna entonación
andaluza)*

Recuerdo aquella copla que decía
cruzando los olivos de Granada:
«¡Ay, qué fragatita,
real corsaria! ¿Dónde está
tu valentía?

Que un velero bergantín
te ha puesto la puntería.»

(Como soñando y nebulosamente.)

Entre el mar y las estrellas
¡con qué gusto pasearía
apoyada sobre una
larga baranda de brisa!

(Con pasión y llena de angustia.)

Pedro, coge tu caballo
o ven montado en el día.
¡Pero pronto! ¡Que ya vienen
para quitarme la vida!
Clava las duras espuelas.

(Llorando.)

«¡Ay, qué fragatita,
real corsaria! ¿Dónde está
tu valentía?
Que un famoso bergantín
te ha puesto la puntería.»

(Vienen dos MONJAS.*)*

MONJA 1.ª

Sé fuerte, que Dios te ayuda.

CARMEN

Marianita, hija, descansa.

(Se llevan a MARIANA.*)*

ESCENA VII

*Suena el esquilón de las monjas. Por el fondo aparecen
varias de ellas, que cruzan la escena y se santiguan al
pasar ante una Virgen de los Dolores que, con el corazón atravesado de puñales, llora en el muro, cobijada
por un inmenso arco de rosas amarillas y plateadas de
papel. Entre ellas se destacan las* NOVICIAS 1.ª *y* 2.ª *Los
cipreses comienzan a teñirse de luz dorada.*

NOVICIA 1.ª

¡Qué gritos! ¿Tú los sentiste?

NOVICIA 2.ª

Desde el jardín; y sonaban
como si estuvieran lejos.
¡Inés, yo estoy asustada!

NOVICIA 1.ª

¿Dónde estará Marianita,
rosa y jazmín de Granada?

NOVICIA 2.ª

Está esperando a su novio.

NOVICIA 1.ª

Pero su novio ya tarda.
¡Si la vieras cómo mira
por una y otra ventana!
Dice: «Si no hubiera sierras,
lo vería en la distancia.»

NOVICIA 2.ª

Ella lo espera segura.

NOVICIA 1.ª

¡No vendrá por su desgracia!

NOVICIA 2.ª

¡Marianita va a morir!
¡Hay otra luz en la casa!

NOVICIA 1.ª

¡Y cuánto pájaro! ¿Has visto?
Ya no caben en las ramas
del jardín ni en los aleros;
nunca vi tantos, y al alba,
cuando se siente la Vela,
cantan y cantan y cantan...

NOVICIA 2.ª

... y al alba
despiertan brisas y nubes
desde el frescor de las ramas.

NOVICIA 1.ª

... y al alba
por cada estrella que muere
nace diminuta flauta.

NOVICIA 2.ª

¿Y ella?... ¿Tú la has visto? Ella
me parece amortajada

cuando cruza el coro bajo
con esa ropa tan blanca.

NOVICIA 1.ª

¡Qué injusticia! Esta mujer
de seguro fue engañada.

NOVICIA 2.ª

¡Su cuello es maravilloso!

NOVICIA 1.ª
(Llevándose instintivamente las manos al cuello)

Sí, pero...

NOVICIA 2.ª

Cuando lloraba
me pareció que se le iba
a deshojar en la falda.

(Se acercan las MONJAS.*)*

MONJA 1.ª

¿Vamos a ensayar la Salve?

NOVICIA 1.ª

¡Muy bien!

NOVICIA 2.ª

Yo no tengo gana.

MONJA 1.ª

Es muy bonita.

NOVICIA 1.ª
(Hace una señal a las demás y se dirigen rápidamente al foro)

¡Y difícil!

(Aparece MARIANA por la puerta de la izquierda, y al verla se retiran todas con disimulo.)

MARIANA
(Sonriendo)

¿Huyen de mí?

NOVICIA 1.ª
(Temblando)

¡Vamos a la...!

NOVICIA 2.ª
(Turbada)

Nos íbamos... Yo decía...
Es muy tarde.

MARIANA
(Con bondad irónica)

¿Soy tan mala?

NOVICIA 1.ª
(Exaltada)

¡No, señora! ¿Quién lo dice?

MARIANA

¿Qué sabes tú, niña?

NOVICIA 2.ª
(Señalando a la primera)

¡Nada!

NOVICIA 1.ª

¡Pero la queremos todas!

(Nerviosa.)

¿No lo está usted viendo?

MARIANA
(Con amargura)

¡Gracias!

*(MARIANA se sienta en el banco, con las
manos cruzadas y la cabeza caída, en una
divina actitud de tránsito.)*

NOVICIA 1.ª

¡Vámonos!

NOVICIA 2.ª

¡Ay, Marianita,
rosa y jazmín de Granada,
que está esperando a su novio,
pero su novio se tarda!

(Se van.)

MARIANA

¡Quién me hubiera dicho a mí!...
Pero... ¡paciencia!

CARMEN
(Que entra)

¡Mariana!
Un señor, que trae permiso
del juez, viene a visitarla.

MARIANA
(Levantándose, radiante)

¡Que pase! ¡Por fin, Dios mío!
(Sale la MONJA. MARIANA *se dirige a una
cornucopia que hay en la pared y, llena de
su delicado delirio, se arregla los bucles y el
escote.)*

Pronto..., ¡qué segura estaba!
Tendré que cambiarme el traje:
me hace demasiado pálida.

ESCENA VIII

*Se sienta en el banco, en actitud amorosa, vuelta al sitio
donde tienen que entrar. Aparece la* MADRE CARMEN.
Y MARIANA, *no pudiendo resistir, se vuelve. En el silencio de la escena entra* FERNANDO, *pálido.* MARIANA
queda estupefacta.

MARIANA
(Desesperada, como no queriéndolo creer)

¡No!

FERNANDO
(Triste)

¡Mariana! ¿No quieres
que hable contigo? ¡Dime!

MARIANA

¡Pedro! ¿Dónde está Pedro?
¡Dejadlo entrar, por Dios!
¡Está abajo, en la puerta!
¡Tiene que estar! ¡Que suba!
Tú viniste con él,
¿verdad? Tú eres muy bueno.
Él vendrá muy cansado, pero entrará en seguida.

FERNANDO

Vengo solo, Mariana. ¿Qué sé yo de don Pedro?

MARIANA

¡Todos deben saber, pero ninguno sabe!
Entonces, ¿cuándo viene para salvar mi vida?
¿Cuándo viene a morir, si la muerte me acecha?
¿Vendrá? Dime, Fernando. ¡Aún es hora!

FERNANDO
(Enérgico y desesperado, al ver la actitud de MARIANA)

Don Pedro
no vendrá, porque nunca te quiso, Marianita.
Ya estará en Inglaterra, con otros liberales.
Te abandonaron todos tus antiguos amigos.
Solamente mi joven corazón te acompaña.
¡Mariana! ¡Aprende y mira cómo te estoy queriendo!

MARIANA
(Exaltada)

¿Por qué me lo dijiste? Yo bien que lo sabía;
pero nunca lo quise decir a mi esperanza.
Ahora ya no me importa. Mi esperanza lo ha oído
y se ha muerto mirando los ojos de mi Pedro.
Yo bordé la bandera por él. Yo he conspirado
para vivir y amar su pensamiento propio.

Más que a mis propios hijos y a mí misma le quise.
¿Amas la Libertad más que a tu Marianita?
¡Pues yo seré la misma Libertad que tú adoras!

FERNANDO

¡Sé que vas a morir! Dentro de unos instantes
vendrán por ti, Mariana. ¡Sálvate y di los nombres!
¡Por tus hijos! ¡Por mí, que te ofrezco la vida!

MARIANA

¡No quiero que mis hijos me desprecien! ¡Mis hijos
tendrán un nombre claro como la luna llena!
¡Mis hijos llevarán resplandor en el rostro,
que no podrán borrar los años ni los aires!
Si delato, por todas las calles de Granada
este nombre sería pronunciado con miedo.

FERNANDO
(Dramático y desesperado)

¡No puede ser! ¡No quiero que esto pase! ¡No quiero!
¡Tú tienes que vivir! ¡Mariana, por mi amor!

MARIANA
*(Loca y delirante, en un estado agudo de pasión
y angustia)*

¿Y qué es amor, Fernando? ¡Yo no sé qué es amor!

FERNANDO
(Cerca)

¡Pero nadie te quiso como yo, Marianita!

MARIANA
(Reaccionando)

¡A ti debí quererte más que a nadie en el mundo,
si el corazón no fuera nuestro gran enemigo!
Corazón, ¿por qué mandas en mí si yo no quiero?

FERNANDO
(Se arrodilla y ella le coge la cabeza sobre el pecho)

¡Ay, te abandonan todos! ¡Habla, quiéreme y vive!

MARIANA
(Retirándolo)

¡Ya estoy muerta, Fernando! Tus palabras me llegan
a través del gran río del mundo que abandono.
Ya soy como la estrella sobre el agua profunda,
última débil brisa que se pierde en los álamos.

> *(Por el fondo pasa una* MONJA, *con las manos cruzadas, que mira llena de zozobra al grupo.)*

FERNANDO

¡No sé qué hacer! ¡Qué angustia! ¡Ya vendrán a buscarte!
¡Quién pudiera morir para que tú vivieras!

MARIANA

¡Morir! ¡Qué largo sueño sin ensueños ni sombras!
Pedro, quiero morir por lo que tú no mueres,
por el puro ideal que iluminó tus ojos:
¡¡Libertad!! Porque nunca se apague tu alta lumbre
me ofrezco toda entera. ¡¡Arriba, corazón!!
¡Pedro, mira tu amor a lo que me ha llevado!
Me querrás, muerta, tanto, que no podrás vivir.

> *(Dos* MONJAS *entran, con las manos cruzadas, en la misma expresión de angustia, y no se atreven a acercarse.)*

Y ahora ya no te quiero, porque soy una sombra.

CARMEN
(Entrando, casi ahogada)

¡Mariana!

(A FERNANDO.*)*

¡Caballero! ¡Salga pronto!

FERNANDO
(Angustiado)

¡Dejadme!

MARIANA

¡Vete! ¿Quién eres tú? ¡Ya no conozco a nadie!
¡Voy a dormir tranquila!

(Entra otra MONJA *rápidamente, casi ahogada por el miedo y la emoción. Al fondo
cruza otra con gran rapidez con una mano
sobre la frente.)*

FERNANDO
(Emocionadísimo)

¡Adiós, Mariana!

MARIANA

¡Vete!
Ya vienen a buscarme.

(Sale FERNANDO, *llevado por dos* MONJAS.*)*

Como un grano de arena
(Viene otra MONJA.*)*
siento el mundo en los dedos. ¡Muerte! Pero ¿qué es
[muerte?
(A las MONJAS.*)*
Y vosotras, ¿qué hacéis? ¡Qué lejanas os siento!

CARMEN
(Que llega llorando)

¡Mariana!

MARIANA

¿Por qué llora?

CARMEN

¡Están abajo, niña!

MONJA 1.ª

¡Ya suben la escalera!

ESCENA ÚLTIMA

Entran por el foro todas las MONJAS. *Tienen la tristeza reflejada en los rostros. Las* NOVICIAS 1.ª *y* 2.ª *están en primer término.* SOR CARMEN, *digna y traspasada de pena, está cerca de* MARIANA. *Toda la escena irá adquiriendo, hasta el final, una gran luz extrañísima de crepúsculo granadino. Luz rosa y verde entra por los arcos, y los cipreses se matizan exquisitamente, hasta parecer piedras preciosas. Del techo desciende una suave luz naranja, que se va intensificando hasta el final.*

MARIANA

¡Corazón, no me dejes! ¡Silencio! Con un ala,
¿dónde vas? Es preciso que tú también descanses.
Nos espera una larga locura de luceros
que hay detrás de la muerte. ¡Corazón, no desmayes!

CARMEN

¡Olvídate del mundo, preciosa Marianita!

MARIANA

¡Qué lejano lo siento!

CARMEN

¡Ya vienen a buscarte!

MARIANA

Pero ¡qué bien entiendo lo que dice esta luz!
¡Amor, amor, amor, y eternas soledades!
         (Entra el JUEZ *por la puerta de la izquierda.)*

NOVICIA 1.ª

¡Es el juez!

NOVICIA 2.ª

¡Se la llevan!

JUEZ

         Señora, a sus órdenes;
hay un coche en la puerta.

MARIANA

         Mil gracias. Madre Carmen,
salvo a muchas criaturas que llorarán mi muerte.
No olviden a mis hijos.

CARMEN

¡Que la Virgen te ampare!

MARIANA

¡Os doy mi corazón! ¡Dadme un ramo de flores!
En mis últimas horas yo quiero engalanarme.
Quiero sentir la dura caricia de mi anillo
y prenderme en el pelo mi mantilla de encaje.
Amas la Libertad por encima de todo,
pero yo soy la misma Libertad. Doy mi sangre,
que es tu sangre y la sangre de todas las criaturas.
¡No se podrá comprar el corazón de nadie!

> (*Una* MONJA *le ayuda a ponerse la mantilla.*
> MARIANA *se dirige al fondo, gritando:*)

Ahora sé lo que dicen el ruiseñor y el árbol.
El hombre es un cautivo y no puede librarse.
¡Libertad de lo alto! Libertad verdadera,
enciende para mí tus estrellas distantes.
¡Adiós! ¡Secad el llanto!

> (*Al* JUEZ.)

¡Vamos pronto!

CARMEN

¡Adiós, hija!

MARIANA

Contad mi triste historia a los niños que pasen.

CARMEN

Porque has amado mucho, Dios te abrirá su puerta.
¡Ay, triste Marianita! ¡Rosa de los rosales!

NOVICIA 1.ª
(Arrodillándose)

Ya no verán tus ojos las naranjas de luz
que pondrá en los tejados de Granada la tarde.
                    (Fuera empieza un lejano campaneo.)

MONJA 1.ª
(Arrodillándose)

Ni sentirás la dulce brisa de primavera
pasar de madrugada tocando tus cristales.

NOVICIA 2.ª
*(Arrodillándose y besando la orla del vestido
de MARIANA)*

¡Clavellina de mayo! ¡Luna de Andalucía!,
en las altas barandas tu novio está esperándote.

CARMEN

¡Mariana, Marianita, de bello y triste nombre,
que los niños lamenten tu dolor por la calle!

MARIANA
(Saliendo)

¡Yo soy la Libertad porque el amor lo quiso!
¡Pedro! La Libertad, por la cual me dejaste.
¡Yo soy la Libertad, herida por los hombres!
¡Amor, amor, amor, y eternas soledades!

> *(Un campaneo vivo y solemne invade la es-
> cena, y un coro de NIÑOS empieza, lejano,
> el romance. MARIANA se va, saliendo lenta-
> mente, apoyada en SOR CARMEN. Todas las
> demás MONJAS están arrodilladas. Una luz
> maravillosa y delirante invade la escena. Al
> fondo, los NIÑOS cantan.)*

¡Oh, qué día triste en Granada,
que a las piedras hacía llorar,
al ver que Marianita se muere
en cadalso por no declarar!

(No cesa el campaneo.)

Telón lento.

FIN DE «MARIANA PINEDA»

Granada, 8 de enero de 1925.